積極性家庭維繫服務－
家庭政策及福利服務之應用

Reaching High-Risk Families－
Intensive Family Preservation in Human Services

原著◎James K. Whittaker • Jill Kinney

Elizabeth M. Tracy • Charlotte Booth

譯者◎張盈堃、方岷

校閱◎郭靜晃、曾華源

Reaching High-Risk Families

Intensive Family Preservation in Human Services

~Editors~

James K. Whittaker

Jill Kinney

Elizabeth M. Tracy

Charlotte Booth

Chinese edition copyright © 1998
by Yang-Chih Book Co., Ltd
Printed in Taipei, Taiwan, R.O.C.
For sale in Worldwide

Published by arrangement with Aldine de Gruyter though Bardon- Chinese Media
Agency

ISBN:957-8446-77-2

主編序

在台灣社會工作專業的存在已有三十多年歷史,然而,近幾年來台灣社會快速發展與社會問題不斷增多下,社會工作才受到重視與需要。目前可說是台灣社會工作專業發展真正的契機。

一個專業要能夠培養真正可以勝任工作的專業人才,專業的地位與權威,才會受社會所認可(sanction)。因此,學校的教育人才、教學方法與教材,對社會工作在專業的發展上都具有關鍵性影響。我們在學校任教,對教學教材與參考書不足深感困擾。環顧國內社會工作界,社會工作各專業科目的專業書籍實在不多。因此,在一個偶然相聚的機會中,揚智文化葉總經理願意出版社工叢書,以配合當前社會及專業的需要。

從去年開始,在出版社的協助下,我們選購了國外一系列評價較高的社會工作書籍,由社工領域中學有專長且具實務經驗的社工菁英來翻譯,另由我們邀請國內各大學中教授社會工作專業科目之教師撰寫書籍。很湊巧,今年正逢社會工作師法的通過,我們希望規劃出版之各專書,有助於實務工作者證照

考試，以及學校課程的教授與學習。最重要的，也期望藉著這些書籍的撰寫與翻譯，使專業教育不再受限於教材之不足，並能強化社會工作專業人員的能力，使我國本土的社會工作與社會福利服務實務能有最佳的發展。

　　最後我們要感謝許多社會工作界的同道，願意花時間和我們一起進行此一繁重的工作，並提供意見給我們，希望此一社工叢書能讓大家滿意。

曾華源、郭靜晃　謹識

一九九七年十一月

原　序

　　所謂「專業救助」，就定義而言，主要是設計用來處理人類的生活問題。人類所會面臨的痛楚、憂鬱、無助，以及數不清的感覺和態度是專業救助人的每日的工作題材。然而，對於特定的人口或是人類環境來說，通常回應問題的方式主要是受到傳統或是習慣的塑造解決。有時候我們會因為是察覺到專業的行為與角色而自我設限因而阻礙了成功的道路。有時候也因為組織的約束，影響我們面對問題時實際回應的能力。

　　一旦在輸送服務基礎上，個人不同的取向時，我們就顯現在保持服務中填補裂縫，或是符合典型被忽視或是貧窮人口的承諾，以這種方式挑戰一般實務的智慧。我們應該要懷疑一些計畫，因為有許多計畫被提出來討論，卻只有少數能被實行。當這個取向舉出觀察與評估的例證，這似乎是符合或是超越一般有效評估的時候，那應該如何回應呢？如何回應致力於研究與教導的生涯，以及面對挑戰時，可接受規則的非一般性與顯得有效的實務模式？

在我的觀念中，家庭重建者(Homebuilders)模式也是一種服務取向。在大部分開放的模式中，它是沒有時間限制的。服務是短程與家庭本位，而不是長程與以機構為本位的。家庭重建者模式跨越傳統軟硬體服務的界限藩籬。這些對照與其他相關的議題，將在以下的章節會更進一步的探討與擴展。

接觸高危機家庭的努力結果，以處理對社會工作教導與研究上顯著不同服務取向的意涵。這鼓勵檢視的方式，去合併這些發展以進入方法的的課程、研究、行政管理、政策與其他專業思考和教導的面向。在此所展現的訊息與見識創造了在態度上基礎性的修訂，這是在於社會服務中兒童與家庭的取向、心理健康與青少年司法的領域。這些原則已導致科際整合與多重部門的合作，以表達服務的需求，免於（或至少是比一般的情形少）在人群服務領域中，通常被用來誇大的定義與界限。

這本書的每一個促成者認知到有無法完成的本質，但是這是個好的開始。家庭重建者模式，當良好地進入發展時期，會持續去發展、適應與成熟，而仍然在原始與核心的信念上有顯著性的真實性。

接觸高危機家庭應該是具有刺激性與挑戰性的；我希望它將會被激勵與鼓勵。這個在社會工作教育與實務上，不但是及時也是受歡迎的論述。

Peter W. Forsythe
New York, NY

譯者序

　　在兒童福利領域中，需要寄養安置服務的家庭長久以來一直是受到關切。這本書的主要目的是介紹了防止不必要家庭以外，寄養安置的積極性家庭維繫服務的型式，即 Homebuilders 模式，它是可以提供給國內相關領域的實務工作人員與學生，作爲是最佳地認識到家庭維繫實務的模式，並且提供了專家學長、社工人員以及諮商員獨立的機會，去表達一些批判性的問題與省思現行制度的空間。

　　在這本書的意義脈絡上，主要關注在社會工作的訓練，特別是在社會工作應用在家庭維繫的意涵上，在這本書的許多章節中，有很多實務的資訊是融合了實務訓練的意涵，而且也注意到有效與合乎人道的家庭維繫服務不是傳統單一的型式，此外，這本書也引導讀者認知到當許多在兒童服務體系中關注於應用性的討論時，家庭維繫的概念對其他的社會服務領域，如：心理健康、青少年司法、婚姻與兒童健康，以及身心障礙者的發展，是有合理性的意涵。事實上，這引導我們讀者與相關研究者應該更去注意 Homebuilders 模式如何成功地展現在美國

的福利脈絡中，以工作在每一個體系裡。

此外，在本書中的另一個焦點是讓讀者知道，是應該限制其服務的連續性。雖然從政策的觀點上來說，誠如書中坦言，這或許會產生較低的滿意度，這是基於更多基本主要預防取向及傳統服務領域中的相似深度研究之需求，如一般或是特定的家庭寄養照顧、特定的領養、學校本位的干預、以及在宅服務與日間處遇等等，在這本書中視這些或其他服務都是必要的，但非兒童、青少年與家庭服務整體連續性的足夠因素。此外，若是以政治的觀點而論，其激烈競爭通常是產生不足的資源，因此實務工作者應該更留意於相對於傳統寄養安置的論述，對於那些強調短期、目標導向的服務，設計用來防止不必要的寄養安置，其實也應該予以重視。然而在設置具體福利服務與政治權宜的同時，家庭政策的任何討論都可能呈現了危機，因對並沒有阻礙方案的試驗、擴展與批判性的討論。書末，作者論述到在家庭維繫實務上的擴展，使得實務與最終家庭的本身可以獲益，這是在於 Homebuilders 模式產生了避免家庭的分裂，以及其服務有最好的設計與輸送。這本書最大的啟發在於對家庭本位服務模式的論述，以致力於連結家庭維繫服務實務上。當然希望在這本書的章節所引起的議題，也可以提供國內學者、學子與實務工作人員刺激去進一步的研究。

翻譯一本好書一直是學者與學子的共同理想，面對這本家庭維繫服務的專書，我們在翻譯的過程中分享了作者細膩、專業的論述風格來介紹該模式，並讓我們覺查了原有服務輸送模式的矛盾與衝突。深切地期待這份努力能對現行國內的制度與體質，產生自我批判與反省的空間。感謝揚智文化公司的葉忠賢先生與中國文化大學社會福利學系系主任郭靜晃教授提供我

們學習的機會，並費心指導與鼓勵，並協助與支持我們翻譯好書的理想，也謝謝服務於台北縣土城國小的許峻豪老師，在翻譯的初稿上提供寶貴的意見。

譯筆疏漏之處，尚祈先進不吝指正。

張盈堃、方岷　謹誌

一九九八年五月

目　錄

本書導論

從 Mary Richmond（1917）的家庭與環境評估的細心描述，以至在高危機家庭中 St. Paul 計畫（Birt，1956）的先峰工作，到 Hartman 與 Laird（1983）最近所提出在於家庭中心社會工作實務的輪廓與界限範圍的概念層次假設。可看出專業的社會工作長久以來致力於研究多重複雜問題的有效策略：而在許多不同的理論導向下，本書的促成者檢視只有代表性的實務模式，分享一個共同的信念，作為良好專業教育的指導方針。

這個工作大部份來自 Edna McConnel Clark 基金會所贊助。本書的初稿（提升對高危機家庭工作的實務技術：家庭重建者社會工作計畫的課程，1988）由華盛頓大學的社會福利研究中心（The Center for Social Welfare Research, University of Washington, School of Social Work）發行。

值得高興的是，用來設計防止不必要家庭外寄養安置的積極性家庭維繫服務及時的出現，以及家庭重建者模式的優點，或許是作為認識與釐清建構家庭保護實務的模式的最好方法，額外也提供了社會工作教育者、社工人員以及諮商人員有的機會獨立表達一下列批判性的問題：

- 什麼是協助家庭的家庭重建者模式，在進階的專業教育中所包含在實務方法課程意涵中的範圍？
- 什麼是家庭重建者模式表現在挑戰研究的的教導，特別是在臨床實務評估上的範圍？
- 在家庭重建者模式的機構結構中，有沒有是有行政管理課程上的意涵的組織與行政管理上的特色？
- 什麼是家庭重建者模式與其他的積極性家庭維繫服

務理論與經驗上的基礎？

- 什麼是一般積極性家庭維繫服務的政策脈絡，以及我們要如何看待以家庭為中心的服務—例如：什麼地方是他們在連續性上所適合的？什麼是他們的限制與潛能？

在開始時，我們明白沒有檢視完全發展的模式，也沒有開始預設家庭重建者的取向被定義為在人群服務中家庭工作的任務。然而，我們被包含在家庭重建者模式中的家庭評估、契約與干預介入的豐富實務資訊激起了好奇心。不論關注在對待、組織或是評估的討論上，家庭重建者模式提供了紮根於目前實務經驗之參考方案的有用觀點。在此或是家庭重建者模式的其他方面有不同的討論，我們一致同意在整個實務取向上的學習價值，以作為實務的展現：包括了處遇的技術、組織/行政管理、知識基礎與評估。這本書被定義的動機乃是一種信念，認為實務與知識的領域全都注重專業的課程上的劃分，以致學生的學習為一種「見樹不見林」的方式。

我們努力的結果受到個人觀點與團體設計的限制。在家庭重建者模式中，我們不須要求也不必獲得信心的保證；多數的懷疑仍然存在於模式的本身以及家庭維繫服務更廣的領域之中。相似地，我們沒有致力於全部章節中的共同架構—舉例來說，同樣它在每個主題上，將我們帶回到課堂、田野與課程的意涵之中。結果是出現在不同的領域與深度之中，但是我們希望那是有刺激性及有用的。每個章節會在一般性的人群服務教育的課程中適當地找到一個定

位。此外許多煩惱人而確定性的發展工作仍須繼續進行。

　　我們主要著重於社會工作的訓練，特別是在社會工作教育上的意涵。我們相信在這些章節中，有很多實務的資訊是超過訓練的意涵。我們也注意到以對修女的訓練做為臨床與社區心理學、諮商、社區健康護理工作以及其它的部份仍將進行。我們希望包含在研究高危機家庭的能扮演好在這個訓練中去刺激進一步的討論的角色。有效與合乎人道的家庭維繫保服務不是單一訓練的範圍。同樣地，我們認知到當許多在兒童服務體系中關注於應用的討論時，家庭維繫的概念對其他的社會服務領域，如：心理健康、青少年司法、婚姻與兒童健康，以及殘障的發展，有合理性的意涵。事實上，這引導我們教育者與研究者去注意家庭重建者模式在每一個體系中已成功地適應他們的取向。我們相信對兒童、家庭的政策與實務上的批判任務，以發現存在每一個服務中相對劃分的干預介入取向，以及檢視對其他案例主問題與服務部門的應用。相同的個案可以跨越生活範圍進行知識與技術的轉移。舉例來說，成功的方案保有在自己的家庭中，因而提供家庭重建者模式一些東西。簡言之：一個服務部門，如何將好的理念從一個案例主人的身上，傳達到另外一個人身上。

　　在表達所改變知識與技術的最後重點，我們定義了對存在於專業教育中批評性的落差─機構本位的訓練及模式服務方案的發展。在人群服務的教育中，我們無法發現應用技術的中心，以致於通常存在於工程專業學校與工作的核心部門，像是微電腦或太空。同樣地，在早先提到我們有一些在於服務模式方案本身的複雜狀態下，可以類比的

地方，這變成是對專業教育核心的個案的素材。我們相信，像家庭重建者模式、產前早期嬰兒計畫（Olds et al., 1986）以及其他類似模式的努力，應該呈現在人群服務的累進教育中，正像是微軟（Microsoft）與蘋果（Apple）電腦呈現在工程或是商業行政管理的第一等級學校中。我們相信對新機制的需求，以加入大學傳統任務的知識發展，與規定服務和訓練的機構的歷史命令。希望這本書可以提供對此討論更進一步的刺激。

我們瞭解到本書的焦點是會限制到服務連續性的特別部份。從政策的觀點而言，這或許是較低的滿意度，由於更多基本而主要預防取向及傳統服務領域的相似深度研究之需求，如一般或是特定的家庭寄養照顧、特定的領養、學校本位的干預、以及在宅服務與日間處遇。我們視這些或其他服務為必要的，但非兒童、青少年與家庭服務整體連續性的足夠因素。此外，在政治的舞台上，其激烈競爭通常是為不足的資源，我們會留意一些思想分析者的評論，那些過於強調短期、目標導向的服務，設計用來防止不必要的寄養安置，這些將會將注意力移轉到對一般家庭普遍可行的社會服務需求上，其結果導致政府滿意度於對家庭的最小化取向（Kahn，1988）。

然而在設置具體與政治的權宜時，包含了家庭政策的任何討論呈現出危險，他們沒有阻礙方案的試驗、擴展與批判性討論的強度、限制，以及家庭保護的批判性要素。如果不是為了其他的目的，這個討論將會再評估傳統兒童福利的基本預設，這是立基於「解救兒童」之上，透過家庭外的安置寄養而不是家庭的保存與維持。甚至，如同 Wald

（1988）所建議，我們在家庭維繫的實務的擴展上走得「太快」，實務與最終家庭的本身會從完全地與支持地爭論中獲益（這是基於經驗性的證據，而不是假定有更多密集性的服務），這是在於它產生了避免家庭的分裂，服務如何最好的設計與輸送，以及什麼是這個取向的利益/花費。我們加入這些對家庭本位服務批評過度熱心的人—尤其是當這些服務鬆散的定義與缺乏積極性與焦點—以及致力於連結家庭保護服務實務到對整個家庭的社會服務之更廣、更全面性與較少類屬性的爭論上，尤其是對不利發展結果的危機兒童。我們希望在這些章節所引起的議題會提供刺激去做進一步的調查。

由 Whittaker 與 Tracy 所寫的章節列舉家庭維繫服務的一般特徵，以及發展一些對專業教育的初步意涵。Nelson 的章節提出更多家庭維繫意義的細節，以及對服務的意涵。由 Kinney、Haapala、Booth 及 Leavitt 所寫的章節探索家庭重建者模式的歷史與發展，並提供對此方案基本特色的懷疑觀點。McGowan 詳細敘述了家庭重建者模式與相關家庭維繫服務的政策脈絡。Barth 清楚地檢視家庭維繫的知識基礎，這是關於人類行為與社會環境的內容，與對家庭治療引導的取向。Maluccio 發展對教導實務技術與知識的積極性家庭服務之意涵。在中級的層次上，Pecora 檢視一些家庭重建者模式行政上與實務與組織上的需求，並定義對教育行政與計畫上的挑戰。Blythe 探索了家庭重建者典型服務的挑戰與潛能，伴隨著臨床研究的清楚意涵，以為了測量更有效的實務。Fraser 與 Leavite 檢視家庭重建者模式作為機構的哲學/動機基礎，並探索在家庭與兒童實務上革新

與模式發展的意涵。最後，Hawkins 與 Catalano 設置家庭重建者模式在預防服務的範圍，以定義在主要預防與保護服務間的連結。

我們的討論已經引起在更廣大基礎的專業課程與偏狹只注意訓練策略者間基礎性的交互關係的議題：什麼是（或是應該是）兩者之間的關係？在哪個地方開始，在哪個地方結束？在許多方式中，家庭重建者模式（當作模範方案的例子）不是適切地適合存在於進階的課程中。這個模式的組成要素—例如處遇、評估、組織—運作在整合的方式中。在研究所的專業教育中，這些組成要素通常被分開教授，而且通常沒有實際案例的參考。我們希望以下的章節將會刺激整個方案的思考，且能使專業課程與脈絡變得更有焦點。

這本書的概念與發展獲得是專業教育中少數的事件：從模式服務方案中研究學者與實務行政者間的支持性，有生氣地做批判性的討論。多數的社工人員參與做選擇性的呈現與提升討論的品質。此外四個資深社工員參與了這個專題，這包括了：Peg Marckworth，Colleen Cline，Duborah Perman，Jack Chambers，Sue McCarthy 與 Mary White。在華盛頓大學社會工作學院的現任與前任教務主任—Nancy Hooyman 與 Scott Briar—提供了對計畫從頭到尾的堅定支持，並鼓勵多數研究、實務與教導的方式。從 Clark 基金會，總裁 Peter Bell 與副總裁 Peter Forsythe 在早期提供對專題討論鼓勵與支持。在這個方式上，Susan Notkin 提供了有價值的貢獻，而且 Stephanie Busby 在紐約舉行的會議中格外地幫忙。持續於社會工作教育的 Sharon Christiansen 與 Claire

Fros 極佳地展現在會議的安排，並提供引導批判討論的氣氛。Mary Grembowski 提供高品質的支持，與 Virginia Senechal 是值得特別感謝的人，她銳利的雙眼與耐心、技巧，在緊湊的時間內編輯最後的手稿。我們的發行者，Trev Leger，是我們支持的來源，並且打從開始就鼓勵我們。最後，我們是虧欠那些與家庭分裂危機工作的實務者~尤其是許多有臨床技巧、想像力、並致力於塑造、改革家庭重建者模式的治療者。他們蒐集實務的智慧，對整個我們的討論提供深度與背景。我們都虧欠他們。

James K. Whittaker
Seattle, WA

第一章
家庭維繫服務和對社會工作
實務的教育：刺激與反應

James K. Whittaker

Elizabeth M. Tracy

家庭維繫服務的理念

在兒童福利領域中，需要寄養安置服務的家庭，長久以來一直是受到關切的。傳統上，這些需要被安置者的父母，多半被視為是問題的一部份，而非是解決問題的答案。故寄養安置服務被視為是問題家庭的替代方案。少數企圖納入父母的決策過程，認為是優先於安置服務或是安置期間的處遇過程（Whittaker, 1979）。然而，重新強調「永久性」的結果，卻使得兒童福利服務經歷了從強調兒童安置移轉至強調對家庭的支持（Stehno, 1986）。這些轉變已經對整個兒童福利服務的連續性產生了影響。寄養安置服務和居家服務不再是彼此相互排斥的了（Small and Whittaker, 1979）。

就廣泛的意義而言，永久性的計畫是指那些被用來執行以確保對兒童持續照顧的工作，無論是使家庭凝聚、重整或是為兒童尋找永久的家（Maluccio, Fein and Clmstead, 1986），故強化父母教養孩童的知識、技能以及資源就變成是極為重要的焦點。許多被設計用來強化家庭和避免寄養安置的服務也因此應運而生。此外，支持性家庭服務正持續地被認知為在寄養服務後，兒童服務計畫的要素之一（Whittaker and Maluccio, 1988），只有一些極為少數而正持續增加中的現存方案是為有關寄養安置服務之前以及之後，與在提供服務過程中設計家庭所需要的服務。總之，人們正在為已經在寄養安置服務中以及需要安置服務的家庭而努力。

積極性家庭維繫服務的定義與要件

在本書所討論的積極性家庭維繫服務（Intensive Family Preservation Services, IFPS）可以定義為在一個特定的時間內進行極為積極性的服務，而通常是在需要的案主家庭中進行。家庭維繫服務在哲理及理念上是「以家庭為中心的社會服務」（Hutchinson, 1983；Bryce and Llotd, 1981；Lloyd and Bryce, 1984），但通常也是在較短的時間內提供家庭較為積極性的服務。IFPS的主要目標：(1)保護兒童；(2)維繫和增強家庭連帶關係；(3)穩定危機情況；(4)增加家庭成員的技巧與能力；(5)促使家庭使用各種正式與非正式的輔助資源。IFPS強調的現況：它的目的不在「治療」家庭。在有限時間的特性下，這些設定上限的服務，其結果雖然可以被合理地預期，但是在這伴隨著寄養安置風險下的積極性服務，卻產生了劇烈改變的情況。

儘管人們對於家庭維繫服務的具體特色以及服務輸送的範圍，甚至是那些服務的名稱都還沒有明顯的共識，但是在兒童福利中此類的服務正持續受到歡迎。在愛荷華城（Iowa city），家庭本位服務的全國資源中心(The National Resource Center on Family—Based Services)，目前列出超過200個類似的方案。在相較之下，在1982年第一個分刊的名冊上卻只列出20個方案。超過60個獨立的方案是在州和郡的管轄之下，同時有許多州已經通過立法並發展全州的方案。然而，許多社區卻限制了這種預防性的服務。

家庭保護服務會因不同的面向而異，例如社工人員的架構、

主辦單位（公營/民營）、標的人口、案主的合適性、服務的深度與服務的內容。Percora、Fraser、Haapala和Bartlome（1987）已定義在處遇技術與服務、方案結構與方案結果這個領域的關鍵面向，這是可以用來和不同的IFPS方案做比較的。這些面向有助於比較不同的方案，以及定義IFPS的主要要素，而本書主要放在由Kinney等人所描述的家庭重建者(Homebuider)模式，在本書的第三章亦有詳細的說明。

　　儘管各種方案之間有所差異，但仍有共同的特質。有些反映了服務輸送的特色，有些則反映了在這服務類型下其獨特工作人員的態度與價值。家庭重建者和其他家庭維繫服務（FPS）方案共同的要素包括了：

- 僅接受處於緊急安置危機中的家庭。
- 服務是危機導向的，在這個方案之後，家庭才會被視為可能。
- 社工人員可以隨時給予幫助並維持一週七日的彈性時間。如家庭重建者社工人員將他們的居家電話提供給需要協助的家庭。
- 接案與評估的過程以確保沒有兒童是處於危險中。
- 縱使個人的問題會出現，但家庭維繫服務所關注的是以家庭為單位，而非視父母或是兒童為問題的個體。
- 社工人員進行家訪時，要在方便該家庭生活作息下進行經常性的訪視。許多的服務也可以在學校或是鄰近的社區設立。
- 服務取向包含教導家庭成員的技巧，幫助家庭獲得必要的資源與服務，以及建立在視家庭功能為單位的理解下的諮

商。

- 服務的基礎通常是在於辨別家庭的需求而非是明確合適的項目。

- 每一個社工人員在任何的時間是擔負著較小的工作量。有些限制的方案才開始用團隊的方式,在家庭重建者模式中為有團隊支持下的個人運作,但是在同一時間內的工作量只能以2個家庭為限。

- 方案所限制介入家庭的時間為一短暫的時間,典型是介於1-5個月。家庭重建者模式通常介入家庭是超過4-6個星期的時間。

　　簡言之,積極性維繫方案的服務輸送特色預設了家庭服務(儘管有些家庭也曾失敗於其他的諮商中),在有限的時間內,保持積極性的服務,並增加從服務中獲益的可能性。IFPS提供整合性的服務,可用來處理家庭危機,強化家庭功能,並符合具體和臨床的服務需求,以及減少家庭的孤立。多數IFPS的運作來自於家庭的支持以及包括使用擴大家庭、社區以及鄰居等資源(Lloyd and Bryce, 1984)。這些服務,大量地使用工作者目標及角色的多樣性,如顧問、父母訓練者、倡導者、諮詢者以及資源中介者。

概念架構

　　提供支持給父母的想法不全必然是新的(Sinanoglu and Maluccio, 1981),在兒童福利服務中的一些趨勢是一致於家庭維繫服務,並增加對它的刺激。當我們看到兒童福利服務系統的廣

大脈絡時，家庭維繫方案的發展、擴展以及未來則產生更多的意義。

一、理論的觀點

兒童對於連續性與穩定性的需求，以及保護免從不必要的國家干預下的親子連帶關係需求已經重新浮現（Goldstein, Freud, and Solnit, 1973）。生物學上關於兒童認同的重要性（Laird, 1979）以及親子分離的影響（Jenkins, 1981）也是重要的理論因素。在美國社會中，家庭的完整性以及親子依附的優先性為最主要的價值觀。家庭維繫方案與此觀點相當一致，因為這些服務的主要目的正在於避免不必要的寄養安置以及增加兒童留在家庭中的安全性。

關於家庭維繫方案另外一個理論觀點(theorectical perspective)是人類發展研究從個人觀到生態觀的移轉（Bronfenbrenner, 1979；Garbarino, 1982），此乃視環境為兒童與家庭問題的資源以及解決方案。這個觀點考慮了案主的能力以及案主的環境（Whittaker, Schinke, and Gilchrist, 1986）。此觀點牽涉到：(1)以家庭為服務的單位；(2)增加父母的技能與稱職的能力；(3)移除或是化解阻隔因應之道的障礙物（Maluccio, Fein, and Olmstead, 1986）。這個觀點與家庭維繫方案的目標及方法不謀而合。

二、兒童福利改革

家庭外的安置，尤其是寄養家庭所引起的不滿，導致必須研究其他的方案以及在立法時做重要的政策改變。在1960及1970年代，在兒童福利服務的安置過程中，最常見的批評包括：(1)因為缺乏替代方案，兒童經常自家庭中移出並非有其必要性，而且常

常是因為怠忽所致；(2)來自於少數種族、貧窮與單親家庭的小孩大大地在寄養照顧(foster care)被過度呈現；(3)兒童經常被安置於不穩定與非必要的限制環境中；(4)只有少數的努力是維持原生雙親或是促成親子的重聚（Knitzer, Allan, amd McGrown, 1978；Mass and Engler, 1959；Shyne and Schroeder, 1978）。財政政策喜愛家庭外的安置服務而反對預防或是支持性的服務。在許多案例中，甚至是當兒童回到家庭後，原生家庭有對該服務與支持的持續需求（Fein, Maluccio, Hamilton and Ward, 1983；Barth and Berry, 1987）。家庭維繫服務所強調的假設在於：如果可以更早提供，以及提供更多積極性的服務時，那麼有更多的兒童可以留在其原生家庭中。

在1980年的寄養協助與兒童福利行動所通過的PL96-272法案，增加了家庭維繫服務的新動力。PL96-272法案強調「合理性的努力」(reasonable efforts)以防止家庭的崩解、並重組家庭以及增加兒童處於避免再結合的永久環境。然而，合理性的努力標準不被同意，故家庭維繫方案增加了維繫的範圍以及使得家庭可以再結合的服務（National Center for Youth Law, 1987）。

三、經濟因素

由於可替代的照顧其所須成本提高，以致於必須尋找成本較低的其他選擇。以家庭本位為服務的國家資源中心（The National Resource Center on Family-Based Services, 1983）曾估計，介入家庭方案的總成本並不會超過一個寄養安置機構的花費。然而在IFPS的成本似乎是高過於傳統個案工作的方法，但是每一個兒童所節省的花費卻是可觀的，甚至在未來有更多的兒童可以避免需要家庭外的照顧。諸如華盛頓州的家庭重建者以及奧勒岡州積極

性家庭服務等獨立方案，其報告指出每一個兒童離開安置機構3個月，可以節省下大概2500美元，甚至更多。

如由Magura（1981）指出，決定成本效用的根本正是頗多爭議與辯論的主題。節省成本的估計通常是基於一些變項因素，諸如進入安置機構的兒童數目、時間的長短、以致安置機構的類型。一些研究做了假定，而當他們進行研究時，通常會假設在最差的情況─所有參與計畫的兒童會進入最昂貴的安置機構。對於服務的時間與強度、補助服務的花費以及家庭維繫服務的初期花費，這也是一個很主要的計算，而這正需要社工人員的發展與訓練，特別是在部份大型公眾基金會機構。成本效用分析指出，其描述方案成本及其成果，被建議成為測量預防方案之成本與效用的可行方法，而一個精確的IFPS的效益分析將被實現。

四、服務效益

早期計畫的初期結果，如St. Paul家庭中心的方案(St. Paul Family Centered Program)，是增加對以家庭為基礎的防治處遇的熱忱（Maybanks and Bryce, 1979；Bryce and Lloyd, 1981）。早期永久性的計畫也增加我們為兒童創造與維持永久家庭的信心（例如Oregon和Alameda的計畫）。它估計全國中有70%至90%的兒童，接受了以家庭為基礎的照顧方案者能增加留在家中（National Resource Center on Family-Based Services, 1983）。個別的家庭維繫方案，如家庭重建者方案、Oregon強化家庭服務、Utah的家庭保護方案，以及Florida的危機諮商方案，則有更高的比例。

伴隨著服務效益的初期熱忱已經受到了考驗，因為強化家庭為基礎的處遇觀點，發現只有少數的研究與安置服務的比例，有著統計上的顯著差異（1985）。他們很少使用控制組的研究。沒

有使用控制或是比較的組別，這也是難以去決定這些方案的真實效益。有一些關於家庭保護方案，其比較評估的方法論上的問題，包括有：(1)缺乏明確、一致的處理以及合理的標準；(2)服務輸送或是跨時間服務輸送的整合，缺乏詳細的敘述；(3)非標準化的成果測量；(4)缺乏長期追蹤的資料以及必要檢視這些方案要素，其相對效益的資料分析方法。所以家庭維繫方案的服務結果是需要更多嚴謹的研究。

在之後的章節中，方案評估的方法論將會做充份的討論。評估的議題乃在對於這些在服務領域中的行政管理者、立法者與從業者之下的一般性討論。舉例來說，加州立法機構充分地、有信心地於IFPS服務的成功，以致於命令在家庭的服務方案必須實現75%的成功率，以避免在處遇後家庭外6個月的寄養安置服務。而成功的比例也是因而逐年增加。

簡言之，家庭維繫方案是與一些時下兒童福利服務的趨勢是相吻合的：如兒童對於永久性家庭的渴望、最小限制機構的使用、生態學的觀點、養育照顧的改革，以及經費的控制。此外，也因法律上的命令，使得這些在預防性服務的興趣以及以家庭為基礎服務的發展得以實行。

社會工作教育的意涵

家庭維繫服務的服務項目以及服務輸送的特色，必須有在社會工作以及其他人群服務從業者的訓練與教育上面的意涵。IFPS工作者必須嫻熟於兒童領養與申請作業的技巧，這些廣泛的範圍來自於課堂上所習得的理論知識，以致應用到實務工作中。以下

的知識基礎以及能力，即說明了實務工作上必備的能力：

- 人在環境中的觀念以及理解家庭爲一單位的知識。
- 有結合具體與臨床服務、評估與介入正式與非正式援助資源的能力。
- 有評估與理解家庭力量、積極涉入協助家庭、並建立清楚家庭目標的能力。
- 有溝通與協調各類服務提供者的能力。
- 有知道如何以及何時對家庭教導親職技巧、生活技巧以及溝通技巧等的知識。
- 有能力提供與傳統文化一致的服務，以及建立文化支援模式。
- 瞭解評估臨床工作的重要性—從單一個案研究以至較大規模的方案評估。
- 有危機處理的知識與技巧。

家庭維繫服務的未來趨勢與議題

有些議題仍然無法解決關於強化家庭維繫服務，以及這些議題在未來有可能會困擾著研究者、從業者以及行政管理者。

一、定義成功

在專業的爭辯中，一些爭議性的問題是很難解決的。例如當服務完成後60或是90天仍未給予安置，是否可視爲對成功的適當評估？一些值得考慮的證據說明了積極性家庭本位的服務，只是

延緩了安置服務，而且接受在家服務方案的兒童，其持續被虐待的比例是高於寄養安置服務的（Jones, 1985；Wald, Carlsmith and Leiderman, 1988；Barth and Berry, 1987）。

我們需要去考慮安置狀態以外的其他結果，包括在機構中，家庭與兒童功能的標準化測量，以及更加瞭解家庭可以從家庭維繫服務中獲得什麼好處。

在安置的議題上，一些研究已對於成功使用更廣義的準則（例如所使用潛在安置天數的百分比）來區辨長程家庭外的照顧以及短程保護或是危機照顧（AuClaire and Schwartz, 1986）。更基礎性的，避免安置的批評假定家庭外的安置總是負面的結果。然而，這些積極性服務（例如對青少年嗑藥與酗酒方案中的短暫安置）能夠計算出其成功的例子是多於積極性家庭本位服務的失敗例子嗎？由Fraser、Pecora以及Haapala最近所完成的研究中，就希望對積極性家庭維繫服務這個領域，提供更大範圍潛在準則的測量。

二、品質控制

在以家庭本位的服務領域中，存在著方案、語言的多樣性。根本上，許多問題諸如社工人員工作量的配置、介入處遇的長度與密度以及訓練，都可以化為適當的變數進行實證分析。然而，就短期而言，在各式以家庭本位服務遞增利益後，我們對於各種方案的研究結果應予以特別的注意。品質控制的議題之所以變得很重要，其主要原因是許多州和司法單位關注家庭維繫服務，以回應現行聯邦立法上「合理性努力」的規定。一項對於家庭重建者模式的批評就指出，那些用來幫助家庭的取向是可行的，而且可以輕易地在多種不同文化及地理條件下所使用。就此論點，危

險性是很高的，以致於積極性家庭維繫服務意謂著許多不同層面的事情會喪失其顯著的層面。這點與其他的關切，使得我們檢視家庭重建者爲一個有完備詳述方案要素的模範模式，而非一般性以家庭本位的服務。

三、安置連續性

積極性家庭維繫服務是否可被視爲整體連續性上的一個個別的服務呢？或是視爲對家庭服務爲一般取向的顯著個體，其應用在超越緊急安置庇護的預防？舉例來說，家庭重建者服務模式已經應用到寄養家庭所面臨的分裂。它也許可設法讓孩子從寄養家庭的照顧回到親生父母身旁的方案，使他們從IFPS的服務特質與項目中獲得益處。家庭保護方案的根本要素應該是如同預防服務一樣，能在同一個地方照顧。

另外一個擴展IFPS服務的重點也許是在於案主的人口數量，除了兒童和家庭。目前，IFPS從兒童福利、心理衛生、青少年輔導、以及發展殘障服務來服務兒童和青少年。IFPS也可以適用在需要照顧有慢性心理、身體或是情緒問題的成年兒童家庭以及需要照顧老年人的家庭。

四、組織的要素

以上對家庭重建者模式的簡短探索說明了組織的因素，在有效家庭維繫服務的重要性。我們察覺到一些相對重要的東西，諸如低工作量的人員配置（2個家庭配置一個社工人員）、完善的職前與在職訓練、案例評估、同儕間的詢問和監督，都是家庭重建者模式能夠獲致成功的回應有著密切的關係，甚至更勝於採用特殊的處遇技術。如此一來，從專業教育上引起了一個有趣的問

題，是否實務教學應與行政、組織發展的技術分開呢？行政和組織發展技術引起了另一個較基本的議題，即研究生的專業課程應該與服務方案模式間有關聯。我們希望在本書中能引起更多對前述議題的討論。

參考書目

Armstrong, K. A. (1982). Economic analysis of a child abuse and neglect treatment program. *Child Welfare, 62,* 3-13.

AuClaire, P., and Schwartz, I. (1986). *An evaluation of intensive home-based services for adolescents and their families as an alternative to out-of-home placement.* Minneapolis, Minnesota: Hubert H. Humphrey Institute for Public Affairs.

Barth, R. P., and Berry, M. (1987). Outcomes of child welfare services under permanency planning. *Social Service Review, 61,* 71-90.

Birt, C. (1956). Family-centered project of St. Paul. *Social Work, 1,* 41-47.

Bronfenbrenner, U. (1979). *The ecology of human development.* Cambridge: Harvard University Press.

Bryce, M., and Lloyd, J. C. (Eds.). (1981). *Treating families in the home: An alternative to placement.* Springfield, Il: Charles C. Thomas.

Fein, E., Maluccio, A. N., Hamilton, V. J., and Ward, D. E. (1983). After foster care: Outcomes of permanency planning for children. *Child Welfare, 62,* 485-558.

Frankel, H. (1987). Family-centered, home-based services in child protection: A review of the research. *Social Service Review, 62,* 137-157.

Fraser, M. W., Pecora, P. J., and Haapala, D. A. (1988). *Families in crisis: Findings from the Family-Based Intensive Treatment Research Project.* Salt Lake City: University of Utah, Graduate School of Social Work, Social Research Institute; and Federal Way, WA: Behavioral Sciences Institute.

Garbarino, J. (1982). *Children and families in the social environment.* New York: Aldine.

Goldstein, J., Freud, A., and Solnit, A. (1973). *Beyond the best interests of the child.* New York: Free Press.

Hartman, A., and Laird, J. (1983). *Family-centered social work practice.* New York: Free Press.

Hutchinson, J. (1983). *Family-centered social services: A model for child welfare agencies.* Iowa City: University of Iowa, National Resource Center for Family Based Services.

Jenkins, S. (1981). The tie that bonds. *In* A. Maluccio and P. A. Sinanoglu (Eds.), *The challenge of partnership: Working with parents of children in foster care,* pp. 39-51. New York: Child Welfare League of America.

Jones, M. A. (1985). *A second chance for families—five years later: Follow up of a program to prevent foster care.* New York: Child Welfare League of America.

Knitzer, J., Allen, M. L., and McGowan, B. G. (1978). *Children without homes.* Washington, DC: Children's Defense Fund.

Laird, J. (1979). An ecological approach to child welfare: Issues of family identity and continuity. *In* C. B. Germain (Ed.), *Social work practice: People and environments,* pp. 174-209. New York: Columbia University Press.

Lloyd, J. C., and Bryce, M. E. (1984). *Placement prevention and family reunification: A handbook for the family-centered service practitioner.* Iowa City: University of Iowa, National Resource Center for Family Based Services.

Magura, S. (1981). Are services to prevent foster care effective? *Children and Youth Services Review, 3,* 193-212.

Maas, H. S., and Engler, R. E., Jr. (1959). *Children in need of parents.* New York: Columbia University Press.

Maluccio, A. N., Fein, E., and Olmstead, K. A. (1986). *Permanency planning for children: Concepts and methods.* New York: Tavistock.

Maybanks, S., and Bryce, M. (1979). *Home based services for children and families: Policy, practice, and research.* Springfield, IL: Charles C. Thomas.

National Center for Youth Law. (1987). *Making reasonable efforts: Steps for keeping families together.* Available from National Center for Youth Law, 1663 Mission Street, San Francisco, CA 94103.

National Resource Center on Family-Based Services. (1983). *Family-centered social services: A model for child welfare agencies.* Iowa City: University of Iowa.

Pecora, P. J., Fraser, M. W., and Haapala, D. (1987). *Defining family preservation services: Three intensive home-based treatment programs.* Salt Lake City: University of Utah.

Richmond, M. (1917). *Social diagnosis.* New York: Russell Sage Foundation.

Shyne, A. W., and Schroeder, A. G. (1978). *National study of social services to children and their families.* Washington, DC: U. S. Department of Health, Education and Welfare (Publication No. OHDS 78-30150).

Sinanoglu, P. A., and Maluccio, A. N. (1981). *Parents of children in placement: Perspectives and programs.* New York: Child Welfare League of America.

Small, R., and Whittaker, J. K. (1979). Residential group care and home-based care: Towards a continuity of family service. *In* S. Maybanks and M. Bryce, *Home based services for children and families,* pp. 77-91. Springfield, IL: Charles C. Thomas.

Stehno, S. M. (1986). Family-centered child welfare services: New life for a historic idea. *Child Welfare, 65,* 231-240.

Stein, T. J. (1985). Projects to prevent out-of-home placement. *Children and Youth Services Review, 7,* 109-121.

Wald, M. S., Carlsmith, J. M., and Leiderman, P. H. (1988). *Protecting abused and neglected children.* Stanford: Stanford University.

Whittaker, J. K. (1979). *Caring for troubled children: Residential treatment in a community context.* San Francisco: Jossey-Bass.

Whittaker, J. K., and Maluccio, A. N. (1988). Understanding the families of children in foster and residential care. *In* E. W. Nunnally, C. S. Chilman, and F. M. Cox (Eds), *Troubled Relationships: Families in trouble series Volume 3* (pp 192-205). Beverley Hills, CA: Sage.

Whittaker, J. K., Schinke, S. P., and Gilchrist, L. D. (1986). The ecological paradigm in child, youth and family services: Implications for policy and practice. *Social Service Review, December,* 483-503.

第二章
認知與瞭解
「家庭維繫方案」的潛力

Douglas Nelson

美國的兒童福利制度正迅速地變成一項持續性的危機。許多州已持續地發生有關兒童虐待、忽視以及家庭內衝突案件、認知與報導，已經超越公共部門保護兒童免於受到侵犯和傷害的能力。在少數的州內，虐待與忽視的報告沒有獲得現行法令所規定的即刻與一致的調查。當調查開始進行時，對於危機的評估也太過於草率、欠缺週延，甚至有時會發生悲慘的錯誤。此外，這些錯誤的範圍，有些案例來自於對真正危險的不適當認知，而有些案例乃未獲得同意的干預（unwarranted intrusion）。

　　同樣令人擔心的是對實際問題回應為一惡化的品質。在許多地方，增加安置服務的允許是遠超過提供家庭以外適當資源的益處。過於擁擠的團體照顧設備、分配兒童待在有著不必要限制的機構、等待安置的孩子安排至臨時的處所，以及信賴過度擴張或是訓練不足的寄養家庭，這些都是當前危機的特徵。即使在某些安置機構不被推薦的狀況下，大眾介入的範圍經常會拒絕那些將會更好的非系統性參考方案、偶發的監督以及難以保證的希望。

　　兒童福利的危機並不是最近才產生的。危機肇因於三項由來已久的全國性趨勢。在第一項趨勢中，完全令人滿意的是對可接受的家庭功能之社會預期與標準有所提升。因為在 1960 年代期間，國家逐漸擴展兒童虐待與忽視的定義、釐清與擴展對疑似施虐的強制責任報告，以及增加大眾對於兒童處於危險中的意識。

　　同時，國家已經產生一些家庭，受到貧窮、歧視、家庭結構與其他因素的關係，以致增加了無法符合父母責任的危機。青少年的生育率、單親家庭、有一定百分比的兒童養育的家計生活是在貧窮線下以及父母兩者都在工作等劇烈地成長—綜合這些因素，減少了對年輕父母非正式與來自擴大家庭的可能支持，以造成更多的危機家庭減少其堅毅力與處理壓力的能力。

對於危機第三個促成因素在於公共兒童福利政策，與回應上述基礎變遷的實務是全面性的失敗。在過去的 40 年裡，公共政策已謹慎地限制州的權威去干預以代替兒童處在其家庭的環境中，還證明了是父母的表現無法符合在社會上可接受的標準。由於這些標準的增加以及許多家庭功能的減少，回應與矯正兒童福利系統的要求必然穩定地擴大其能力。除非是在對家庭之公共政策上的基本再重新定位，否則目前的文化、經濟與人口的趨勢顯示，兒童福利危機將延長至未來。

為了對抗這個背景，逐漸增加的少數兒童福利實務工作者以及政策改革的倡導者，已呼籲了至少在部份的兒童福利危機上，要透過如家庭維繫的方案干預介入之系統性擴張來表達。基本上，家庭維繫意味了對家庭處於危機中給予密集專業協助的構想，以為了恢復適當家庭功能為目的，以及因而移轉兒童被帶離開的需求。在原則性的組成因素上，包括：主動地協助促成家庭壓力之實務問題的解決；引導父母管教子女的技巧與家庭內衝突的解決；監督處於危機中的家庭成員，以及發展對參與家庭之正式與非正式支持系統的連結。

家庭維繫概念的產生能回溯到歷史上的先兆，但是最清楚且直接的前例乃始於 1970 年代中期 Tacoma，Washington 的家庭重建者工作。家庭重建者模式的創辦者與工作人員不僅是先驅，並精煉家庭維繫的中心模式，而且他們扮演了關鍵的角色在於提升與傳播這個概念，作為避免寄養安置的潛在有力工具。

在 1970 年代的晚期，家庭維繫服務是超越國界，由數十個私人家庭服務機構所提供。這個概念可行性的進步，不僅是受到實務工作者的持續倡導，也受到在兒童福利世界中兩個其他更廣泛趨勢的關聯。第一個是增加對診斷與處遇兒童與成人行為上反

功能之家庭中心取向的可接受度—這個取向的家庭保護似乎是具體且有說服力的說明。第二個是家庭維繫的明顯關聯是在國家去關心非必要與過去把兒童從他們家庭中帶離開的寄養安置~這種關心有力地促成在 1980 年代 96-272 公共法案（Public Law, PL96-272）的通過。

在這些瞭解家庭保護潛能促成 96-272 公共法案的目標與價值中，沒有比 Enda McConnell Clark 基金會有具有影響性。自從 1983 年，Clark 基金會的兒童方案貢獻了他的員工、聲望與巨大的資源去提升家庭維繫干預介入的使用，以作為對危機家庭需求的主要回應。到最後，Clark 基金會提供金錢在許多州公私立的單位下，創始新的家庭維繫方案。它給予那些描述家庭保護核心要素與有效地干預介入方案，以及有效花費的物質傳播給言了經費上的補助。Clark 的經費也引導家庭保護的實務工作者到新的訓練方向，而督導也能夠進入服務的田野場域。最近，Clark 基金會也採取去創造許多技術協助者的國家網絡，他幫助州與社區獲得方案、法律與財務上的專門知識，這是需要擴展他們家庭維繫服務的能力的。

但是 Clark 基金會的角色盡力於提升方案的轉折。在於定義本身的概念中他也是個主要的行動者。在 Clark 基金會的領導下，「家庭維繫」的條件變成是指短期、面對面的支持以及治療的服務，提供於在那些有立即分離危機的家庭中。管理的目標在於使家庭達到功能上的層次，而排除從家庭中帶離開的需求。

由於 Clark 基金會的努力下，在 1980 年間一般型式的服務穩定地成長。到目前，在 50 個州中有 15 州有超過 50 個私人機構與公共系統的單位，提供家庭維繫方案。在這一年中，估計有 5000 個家庭獲得這樣的服務。

最初問題的起源來自這段歷史，是否其他的干預介入所接觸的 5000 個家庭能實際地被視爲「工具」（lever）去幫助改革兒童福利系統，即那些現在每年有超過 25 萬兒童從他們的家庭中被帶離開。如同上述，家庭維繫倡導者人數的增加；確定了此乃可行之道。他們堅信對標的家庭維繫服務的大規模擴張，能夠減輕目前在兒童福利服務中的一些危機。他們相信他能開始去重整與重新導向在危機中兒童需求的公共回應；以及一些甚至是州對家庭的責任之再定義。

此章是致力於改變潛能的評估。第一個部份檢視了家庭維繫能力發展的領域，以改變州回應危機中兒童的基本位置。第二個部份是探索家庭維繫方案基本的型式與內容，以爲了更廣泛的社會福利實務與家庭服務輸送的組織與財務。每個部份包含了許多策略性議題的簡短回顧，那將決定家庭維繫潛在意涵在事實上被實現的領域。

家庭維繫的意涵作爲寄養安置預防

附著於家庭維繫的任何重要性，乃立基於是否可以做到它所說的事。換句話說，真正的維繫家庭是暫時地分離或是永久地分離？在家庭重建者模式的記錄中，這是最常運行的家庭維繫模式，它建議了有 80%至 95%的家庭，在他們的干預介入後仍需要一年的服務。參與型式的獨立評估與家庭重建者模式的案主個案史進一步地建議，絕大多數的家庭是處於真正的危機中，並經歷了分離而沒有提供協助。積極且短期的家庭干預介入效力的可比較的證據，已經蒐集了 Minnesota 州 Henepin 郡對於有危機青少

年家庭的先鋒計畫的現階段評估。資料發現說明了：當比較控制組是沒有接受干預介入的家庭，實際上的減少是在於家庭服務寄養安置的許可與持續的時間。

從其他家庭維繫的證據、瑣碎的例證以及自我報告的傾向，強化了上述關於積極性、在家干預介入以避免可能寄養安置之效能的發現。當然，這些證據既不是具有廣泛基礎，也不是最終的決定性。然而，這充分地顯現去支持合理性的推論正當地執行家庭維繫，在目前家庭分離的重要比例上，避免或至少延後兒童的寄養安置。

這點是很重要的。假若沒有其他例証的話，它建議了至少在原則上，這或許是個公共政策上對於及時與兒童福利系統有特色地回應保護與支持危機兒童與家庭需求的其他選擇方案。所提到的政策其他選擇方案是可能的，然而，還不等同於它是有實踐性的。為了建立擴展家庭保護能力的潛在政策參考方案，這個個案必需進行，以為了它是同時具有可提供性與可替代性。

考慮到第一個批評，公共政策的可提供性，關於家庭保護的可行資料是受到鼓勵的。幾乎全部存在的家庭保護方案都宣稱了，他們積極性干預介入的平均花費，實際上是少於同樣管轄區域內的寄養安置的平均花費。舉例來說，家庭重建者模式計算透過他們的干預介入，而可以避免寄養安置的平均花費，對每個兒童其範圍是從 3600 美元至 19000 美元，然而提供積極服務家庭的花費，平均是從 2600 美元到 4000 美元。甚至假定了家庭重建者類型方案將只能夠提供給 60%的家庭以避免寄養安置（這個比例是低於家庭重建者模式的經驗），干預介入似乎是節省了許多的花費。

一些樂觀的家庭維繫倡導者以概念化做此計算，進入廣泛系

統允許積極寄養安置預防之有效經費的擴展性估計上。藉由宣稱良好設計的積極性服務，可以移轉在大部份有分離危機之家庭的比例中，對寄養安置的需求，以及藉由強調家庭維繫的能力，避免的不僅僅是立即安置寄養的危機，也避免了隨之而來手足的安置寄養，這些倡導者準備呼籲在家庭維繫中，系統性的投資有可能大大地減少未來提供在兒童福利服務上，整體的公共花費。

這類頗具野心的宣稱，不論是否是理由正當，它實際上超過了必要與細心於建立擴展家庭維繫服務的財務上的實用性。事實上，過度的承諾會產生創造非一般性預期的危機，而接下來證據也難以實現。當維繫家庭時，給予了假設保護兒童的利益，這是足夠去說明擴大家庭維繫能力的花費。有可能得到部份的補償，藉由經費避免透過一些預防寄養安置的測量方法。從存在的資料中推論，縱使是有限制，這也顯示這些聲明也是個有責任的宣稱。

在更進一步的調查中，假若這些宣稱證明是有效的話，這構成了重要的原因之一，視家庭維繫為在改革對兒童服務的系統上是個在政治上有效的組成要素。基本上，現存的財務分析建議了家庭維繫服務的發展與擴展能夠透過自我的財務，在很短的時間內很快地達成。不像是其他在健康照顧與人類服務上許多預防性的投資（其避免未來的花費是很難去計算，而且需要很多年去實現），顯現了家庭維繫所節省的費用，在透過短期經費的取代，顯示這是可達成的。換句話說，這是有可能在於服務的新支出成功地避免寄養安置，它有可能透過產生在一相對時間內的節省費用進行「再補償」（repaid）。

這個結論在政治與倡導的意涵上是相當清楚的。至少在原則上，它指出有效的家庭維繫能夠建立，並給付在一些網絡上，其增加在州長期對兒童福利運作的支出上。在給予更多的意義，它

建議了擴大家庭維繫的實質利益帶給兒童與父母是有利的，這是可以在有限的稅式支出（tax expenditures）下被購買，而且或許可以在長時間的運作下能有稅務的節省。

當這些直接花費的意涵是極為明顯與有政治上的關聯時，這並不是只有一個而已。經過了一段時間，擴大家庭維繫的能力可以證明的不只是能夠避免關於預防特定寄養安置的花費，也產生了更多寄養安置無法提供的價值。

在許多的區域中，對於家庭外資源的需求大於它的供給，早已是明顯的現況。家庭扶養家庭團體的設施、保護資源、住宅處遇的設計與在兒童照顧機構中的床位等短缺，會影響到兒童福利系統在州的成長數量。對於許多家庭外兒童照顧的結果市場真實性變成了販賣的市場。扶養照顧給付的增加，專業化扶養照顧的計畫，以及提高對團體與機構照顧的比例，顯示了長期價格膨脹的承諾，如同州去買足夠的資源去符合在他們管理中的兒童，其成長數量所展現的要求。當然，在許多例子中，這些壓力反映了立法的需求去確保家庭外照顧與處遇的品質。然而，未來的花費會因提供的短缺而完全地膨脹，藉由減化需求的型式，家庭保護有個簡單重要的穩定影響。經過長時間後，納稅人這些真實花費所節省的（縱使很難去估計），的確是很大。

家庭維繫長期的財務意涵在方案上有很多重要的東西。家庭維繫的兒童福利利益通常（且最容易瞭解）是可見的，由於兒童避免被帶離開家庭。但是家庭維繫也能夠使得寄養安置的兒童照顧與福利產生改善。藉由減少被帶離的數量與發生的能力，一個強大的家庭保護能力能減少州可行家庭外資源的壓力。相互地，這應該是增加兒童福利系統的可行性，關於獲得照顧的真實連續性、產生提升與更適當的寄養安置、發現離家較近的寄養安置地

點，以及確保在兒童照顧上更佳的督導與處遇。簡言之，允許包含了一些潛在的家庭維繫政策可以減輕危機，這是目前衝擊兒童福利回應兒童在寄養安置上的需求。

在先前財務上的呼籲是有足夠地可能去樂觀地支持關於家庭保護有效的花費，但是他們並沒有辦法增加至不容爭辯或是強制性的個案上。爲了達到說服的層次，家庭維繫的花費意涵將會被引證與更廣泛地測試。因爲太久，代替家庭維繫的立法與政治倡導者已經隱藏了限制，而且這些能力的瑣碎例證在可以比較或是較低的花費上，代替了寄養安置。目前的與發展中的家庭維繫努力需要去評估那些明顯、足夠去建立積極性服務的真實花費，沒有對家庭提供干預介入的寄養安置之真實的可能性，對家庭的明顯結果它是達到了，以盡責地評估避免的花費。從這類的研究中發現，需要去包裝與傳播的行爲允許他們廣泛地使用，以爲了政治的倡導、方案的設計，與特定的預算，以及財務的計畫。

相對於這些評估的需求是更爲複雜的策略議題。正如同多數家庭維繫倡導者認知到，政治允許廣泛系統積極性干預能力的可能性將大大地增加，假若它可以顯現在自我的財務上—那就是透過避免花費再投資的設立。倡導朝向的範圍在於財務上的策略，然而，他們也必須運作可行的訓練，在於家庭維繫服務的目標和應用上。

首先，對於那些實際上或即將有寄養安置問題的家庭，其家庭維繫服務的照顧必須被保留，這可能是爲了更遠大的目標而策略性的干預介入那些正處於危機中的家庭，如此家庭保護才是有效的。其次，必須不停的努力使得服務的強度能夠平衡，在很短的時間內達到適當家庭的功能，以確保在策略上每筆個案可以防禦的花費。

回顧這些論點將會繼續出現問題，就像下節所敘述的有很多家庭維繫的服務，有效地適用於預防寄養安置的脈絡外，因此，在那些可以從中獲益而非真正處於分裂危機的家庭，將會有更多的嘗試去擴展干預介入，在恢復其家庭功能之前，類似的擴展干預介入將會針對處於危機中的家庭給予服務，直到其有更為優越層次的家庭表現時。

　　有很多有利的嘗試卻屈服於家庭維繫服務的設計與輸送，它象徵了一個至少在擴增計畫本身的財政背景之妥協。家庭維繫最單純策略的重要性是代表了學術上的實踐性與政治上可能性的介入，那是一個有能力改變兒童福利體系在寄養安置上的依賴性，然而卻同時在實際存在的資源中進行。

　　家庭維繫的示範性是可以給予的，甚至是在有效成本方面，然而它只是由部份家庭所構成，所以必須加以維持以達到其實踐性。在現今這個可得的知識、技術、人力資源和服務輸送技術為背景的真實世界裡，其干預介入能夠成功的擴展也該被顯示出來。如果有效的家庭維繫需要特殊的才能才可以達成，那麼可以預料的只有極為少數的社工員才可以做到，如此一來，在少數擁有此項少數技能者的倡導下，家庭維繫是不可能被擴展的。換句話說，如果家庭維繫工作的技術可以被學習、服務輸送的特色可以在不同的型式下被創造，那麼家庭維繫將可以成為兒童福利體系的一個完整的部份，變成一個實質的服務。

　　在這些家庭維繫的特色中，最為精確的描述是難以去建立家庭維繫制度的問題。現存的計畫都需要依賴專業人士來實現，在他診斷與治療的過程中，所使用的方法都是非常革新、一種專業的技術，如此，在評定家庭維繫的有效性時，才可以公平地推斷它已經得到最佳的應用。

當然，這是個其他選擇方案的觀點。除了貶抑個人才能的價值、特定治療策略的力量，或是有好的員工訓練的重要性，這似乎合理性地呼籲了家庭維繫的目標設計、結構與輸送的特色，以至最後它成爲有效的方案。換句話說，這是個快速地回應、在家呈現高密集、低個案量、家庭本位的取向、更大個案工作者的責任、「困難服務」資源的可行性、從積極性短暫的持續時間以及表達維繫家庭的目標，這個別與集體都能夠使工作者在幫助危機的家庭時，轉移兒童寄養安置的需求。

　　就如同基本常識一樣，家庭實行的經驗告訴我們這些要素已經不同了。我們知道很多兒童受虐待的例證都是暫時危機的產物，透過適時的幫助甚至只是其他人的出現，此問題就能被處理得很好。我們知道家庭的不良功能有時候是根植於極端的社會孤立，在短期內它可能藉著面對面的互動來緩和這個問題，而長期的計畫是需要建立一些網絡來加以連結。多數的兒童離開自己的家庭，可能是因爲缺乏一個月的房租或食物或臨時缺錢所造成。最後，我們知道家庭孤立或是個體失序可以被視爲是一個家庭問題，反之如果是在一個完整的家庭中，彼此有良好的互動關係，則此問題將會被適時的解決。

　　前面都沒有提到的問題是故意忽視這個複雜的家庭問題，或是將這個家庭維繫有效化的問題予以過份的單純化。有許多家庭問題的例證都不願意接受介入的服務，不論他們的問題是根植於經濟的不利、沉癮於酗酒與藥品，或是嚴重的行爲問題。雖然如此，我們仍能使家庭維繫繼續運作。目前現有的問題，包括：即時的回應、個案量低、在家庭中呈現以及接受服務的花費等，此外還包含能力與技術的問題，透過專門的訓練和有組織化的支持，這些專業的技術都是可以得到的。

總括來說，為了要增進實質擴展家庭維繫的認知，我們必須要利用現存的成功典範對那些可以回應的成份予以更清楚、更具體的描述。例如，詳細地敘述成功的家庭維繫個案，不只可以幫助倡導者溝通家庭維繫的意義，還能說服持懷疑態度的社會大眾。

　　許多明顯的討論是集中於建立可提供性與維繫家庭重要數目的實踐性，這些家庭是在目前兒童福利體制下被分開的。從特定的觀點來說，進一步的呼籲似乎是去增加迫使系統改變的個案。避免短期與長期的花費，擴展有效預防寄養安置的真實能力，以及州的角色作為監督人的正面衝擊，全部顯現了自動對家庭維繫產生了政治上的許可。

　　然而，不同的真相或許是有所不同的。在於制度化維繫家庭的議題，不僅僅是「它是否可行」的問題，它亦是「是否應該這樣做」的嚴重問題。去倡導家庭維繫的答案似乎是不證自明的。但是對於其他許多人，包括了社會服務的專業人員、政治人物以及許多的公眾人物並非如此。為了使每個人相信對兒童適當家庭的價值與利益，因此他們必須支持維繫家庭的政策。然而對多數的人來說，當擴展至破碎、壓力、依賴、貧窮、忽視、隱藏衝突或是虐待的家庭中，這樣的說法快速地崩解—很明顯地，這就是一種家庭維繫存在去支持的家庭。在這些脈絡中，對很多人來說家庭的利益與意義，仍然很難用想像去加以定義。相較之下，從環境中剝奪兒童的證據或想像是沒有錯，並且是具體的。然後當面對抽象（例如「家庭」）生存與真實兒童安全性或本質上進行選擇，這並不值得驚訝，這是後來較大的目標。

　　當然，這並非是個完整的知覺。人類的價值與連續至兒童的家庭利益，仍然是真實與極大的重要。兒童能夠仍然安全地與家

庭在一起成長是一種個體的利益—在不同範圍心理學與發展上的好處—這種沒有價值與無法測量的東西，在定義上作爲一種連續性、一種歸屬與設置的感覺、一種根植於親子連結上的特別關係、一種成員之間的安全性、以及一種面對社會規範的承諾。然而，這些話是失敗於傳遞強烈的個人經驗與他們想要描述的意義。

相等的關聯以及或較少的逃避，仍然是很難去理解家庭分離的花費。不論是如何強迫的原因，兒童從他們的家庭中被帶走是可以預期的遭遇。已知與預測的困難，包括了斷層、未知的害怕、罪惡、自尊受損、烙印化、認同的失落與從沒有家庭責任的照顧者身上所暴露的危機。對家長與手足的反面結果是很容易被定義的—失落、蒙羞、道德敗壞以及在未來容易被批評有更大的無能。

對這個驚喜的程度，家庭維繫的人類利益與兒童寄養安置的人類花費已經是無法表達明白。不可否認的是他們很難去獲得，甚至很難去溝通。除非持續如此進行，才能對家庭維繫潛能的實現產生批判。基本上，維繫家庭連續性的好處與移轉家庭分離的難處組成了危機兒童之家庭保護，其最終道德上的重要性。除非直到這些好處與難處可以被了解，並留給廣大的公眾，不然維繫保護承諾中有效花費與擴展將會是個限制。

對家庭更有效服務輸送的家庭維繫意涵

呼籲是存在於—財務上、實務上與道德上—對於家庭維繫廣泛公共政策的脈絡，作爲預防寄養安置的系統表達方式。這些呼籲能夠更充份的發展與進展，對擴大家庭維繫服務的結果能夠改變，目前兒童福利回應危機中兒童的位置、時間與特色，而且他

們可以在可預期的未來中進行。此時，制度化家庭維繫的承諾—對危機中家庭給予權利—能夠提供對系統寄養安置較少的依賴、較少的回應與更多對家庭肯定的回應，其作爲容易受到傷害兒童獲得安全與福利的脈絡。

家庭維繫可以預防目前兒童在寄養安置中的龐大數目的事實是它具有給予處遇的策略重要性。這可以使它變成完全的重點，或是系統改變的工具。然而到最後，家庭維繫的重要性實際上是超越了策略性的角色。亦即，這不只是做些什麼；以及如何給予家庭維繫是具備著社會政策的潛能。簡單地陳述家庭維繫工作的理由—其設計與實務的特徵是用來產生效能—能對整個基礎人群服務輸送議題的範圍，證明這個是有力的意涵。

在早先的段落簡短地提到一些家庭維繫存在模式的要素，這是不同於其他對家庭與兒童的服務型式。首先，家庭維繫是趨向真的以家庭爲本位的干預。當多數的一般性服務是導向，是透過個體服務與處遇計畫的執行之個體需求與問題的定義與解決，採取需求的評估是藉由家庭維繫工作者謹慎地擴展不只是對問題與全部家庭成員的強度，也解釋了個體成員行爲的互動，如何限制或是促成有效家庭的功能。差異並非是正常的；這是具有實質性的。家庭維繫實務工作者相信個體反功能行爲的許多型式，是根源自早期或是透過家庭的關係表達出來。結果，治療與教導的干涉介入被設計用來促成更多正面與相互支持性的家庭關係；在這個方式上，改變了家庭的互動不僅是本身的結束，這也是表達個體問題與需求的治療工具。簡單地說，家庭維繫服務與「處遇目標」所關注的家庭是用以提升家庭的表現。

第二個家庭維繫的顯著特色爲在家庭中的服務輸送，或更一般地說是在家庭的真實生活環境中。不像其他以公司爲主，諮商

與處遇的模式，家庭保護工作人員是工作在家庭中，而且同時他們的參與也是有效的。這個是指當危機發生的時候，工作人員日夜介入家庭，假若有需要的話，也會持續一段的時間。

當然，部份的積極性、在家庭中、彈性特色的家庭維繫是具有實務上的必要性。家庭維繫是一種危機干預的介入型式，經常發生在有潛在危機的家庭中。因此，立即的反應與表現經常是確保減輕兒童或是其他人危機的必要方式，直到家庭的功能被復原。甚至在更基礎上，在家需要接觸一些需求—這是案主能依賴此而去產生與實現目標。

然而，家庭維繫在家的位置反映了更多實務上的考量；這也是從一般的實務理論中所引導出來的。家庭維繫實務工作者相信在家庭中，他們能夠最佳地瞭解在家庭反功能問題下的脈絡、型式與本質。此外，這也是家庭壓力的實際安置，以致工作者可以有效地提出和提升問題解決的技術，並且改變他們想要減輕壓力的行為型式。最後，在真實的環境中與家庭成員一同工作，相信能夠使得專業被認知，以及因此幫助家人使用非正式和社區的支持系統，這將會是促成未來成功的功能。的確，協助家庭去接觸這些適當的支持，可以視為一種獲得改善家庭表現的批判策略，這是開始在有限時間的危機干預中。

第三個家庭維繫模式的顯著特色在於它廣泛真實與多元問題的導向。在這個觀點中，家庭維繫服務不像是人群服務的輸送體系，其組成與供給財務是圍繞在特定類屬的問題上：所得需求、藥物濫用、心理健康、住宅、保護督導、實際心理健康、犯罪等等。而不是假定一些目標的導向，家庭維繫方案預測了多樣性的交互作用，以及經常阻礙家庭功能不同問題的假定。因此，家庭維繫工作者謹慎地負起瞭解的責任，並回應目前需求的範圍。這

經常指工作者直接參與實務的問題解決（例如交通、緊急收入、家庭管理），同時伴隨著諮商與引導性的協助，去表達出不適當的行為或是家庭內的衝突。家庭維繫工作人員也幫助家庭使用更多特定的資源，如健康照顧或是酗酒的處遇，而且他們試著與現行的方案連結，如醫療補助（medicaid）或工作訓練（job training），那些是需要用來創造維持適當家庭的表現。這對問題解決的整合取向，似乎是對家庭維繫的快速效能是極具有批判性的，但是長久來說，它是可以提升家庭照顧兒童的能力。

家庭維繫最終顯著的設計元素在於工作者與家庭間關係的本質與持久。另一方面，積極性家庭維繫的工作者參與到家庭的成員中，在家庭中出現，以及準備去參與至問題出現的整個範圍，以去創造了專業─案主間的關係，而非是個人的，而且這是勝過一般非積極性的服務。然而同時，這個直接參與是受到短期服務期間真實性所引導─其特色在於強化強調增加家庭自主功能的能力。

這兩個特徵─高密集性的互動，然而是在一個短暫的期間─其趨向產生在住宅家庭的強度與能力。諸如此類，這相較於競爭或是流行的家庭服務實務模式，其假定了共時性做決定的不足，以及尋求提供接近在家庭外持續的報償或是正式治療的協助。從家庭維繫實務工作者的觀點來說，這個一般性的導向不僅是低估了呈現在嚴重反家庭功能中問題解決的能力，它也不輕易地鼓勵深度的依賴與容易導致未來的危機。家庭保護倡導者指出，在家庭中提供積極性的服務以致長期行為的改善，作為這個「便能」（empowerment）模式效力與實際性的例證。

考慮了集體性，有四項的原則─家庭本位的想法、在家的積極性服務、對多重問題真實與整合的回應、有限時間的服務期間

一這組成了定義家庭維繫實務的內容特徵。給這些實務原則有特定的說服力，這證明了在伴隨人群服務案主人口的挑戰下，達到了想要結果的效力與效益。在家庭維繫干預介入中的標的家庭，通常是處於極大的危機。很多已經忍耐了很長時間的問題，以及從人群服務機構中，所獲得的服務或處遇。家庭維繫干預介入的事實經常能成功在使家庭再獲得或是維持適當層次的功能，這是來自於他們所使用的有力、可信的方法或是實務。

這也促成了在家庭維繫實務原則上的興論，這是他們所肯定的明顯社會價值。重視個人與家庭的潛能，以及對案主自主與自我效能的希望，被家庭保護的支持者視為健全的選擇方案，以致獎勵與依賴延用這個取向去持續顯示了社會福利的文化。

在一起採用下，這個正面價值導向與實務效力的例證建議了家庭維繫的實務原則，以應用在家庭廣泛服務互動的範圍。或許這些對延伸上的明顯機會，是在於家庭維繫模式對於有兒童分離危機之家庭上的應用，尤其是犯罪或是心理健康處遇的需求。這些所呈現的問題不同於虐待或是忽視那些家庭維繫干預介入的特徵，它經常是呈現相似根本的需求，諸如改善家庭行為的管理、溝通、衝突解決模式，或「殘存」的技巧，以暗示了許多青少年司法與住宅處遇的安置，應該透過及時與積極性的在家服務而改變。

然而，家庭維繫模式的根本要素，對於非危機的狀況顯得也有重要的關聯。舉例來說，積極性服務與家庭中心的原則應該可以鼓舞更多成功再結合的努力，這是勝過典型在服務中所達到的，這對於寄養安置裡兒童被帶離開家庭的過程中，只有一點點規律性的參與或照顧責任。

更廣泛地說，家庭維繫原則顯示出對一般兒童維繫服務的意

涵。多數兒童虐待與忽視的個案，在危機的層次上並沒有正當理由的寄養安置，現在共同地被貶抑至服務的回應上，其由一些零星的監視、一些諮商會談以及從其他資源上特定協助的參考方案所組成。根據這些批評，這個典型的維繫服務回應經常失敗在評估產生家庭壓力的根本問題，以及經常忽略個人所出現的問題（如父親或是其他成人中的男性），他在衝突與忽視的最初報告中應該要負起更多的責任。有鑑於此，這似乎要增加更多依賴在於家庭中心需求的評估上，結合更多整合的計畫以表達問題的範圍，這個會產生更佳的風險評估與更多的服務計畫中有目的的個案管理，以對於許多維繫服務的家庭。

或許家庭維繫一般取向關聯的重要性，是在於對家庭服務有潛在的指導原則。這已是公平可被理解地證明了有特殊協助需求的家庭，通常經歷了其他相關但分離的問題。舉例來說，在家庭成員中的成人有嚴重地濫用藥物問題，一般是與提高家庭衝突、不適當的父母管理與兒童適應問題的可能性有關。同樣地，以單親年輕母親為戶長的家庭無法給予親職教育、早期兒童健康照顧的需求，以及需求所得的支持。

然而在今日人群服務的脈絡中，很少有單一的機構或是在系統中完全的重點，其被組織或是給予財務去假定幫助家庭解決多重與互動問題的責任。藥物處遇方案或許表達出家庭成員額外的問題，但是對關於所得安全需求的家計生活，或是提升父母的督導，為在處遇諮商員管轄的範圍之外。福利官員能夠決定對失依兒童的家庭扶助(AFDC)方案中青少年父母親的合適性，但是他們沒有辦法具備或是期望去評估或是表達對營養教育、父母支持、或是酗酒管理的需求。這仍然是這個系統其他部份的責任。

在此的諷刺經常是威脅著寄養安置的危機，必須發生在家庭

遭遇到尋求表達根本適當家庭功能之因素範圍的專家前。而且甚至只有發生在真正家庭維繫能力可以被建立的預期定點。對此模式的一些其他選擇方案，似乎是具有壓迫性的。可能的答案並不在於完整地擴展在家的服務到危機前的狀況，但它似乎適當地去借用家庭維繫工作者的責任氣度，作為再設計採取的觀點、需求評估與個案管理的標準，以致未來對家庭的需求有更多例行的可能性。

　　實務使用的見識是獲得來自成功的家庭維繫計畫，作為引導對更廣泛兒童福利與家庭福利的改革，在原則上這似乎是有說服力的。除非是這類的見識服務系統改變的實務力量，許多發展性的活動因而被採用。首先，實務的組成要素促成了家庭維繫的效力是需要有更多系統的檔案與分析。廣泛地被知道關於家庭維繫實務來自於實務工作者的自我描述。這些報告被許多實際實務內容與型式的目標研究所補充，以及受到系統評估如何組成家庭維繫的根本要素，是單一的或是綜合的，這促成了成功的案主結果。這類的發現建立了更豐富、更可信的知識基礎，作為擴展家庭維繫的原則，以進入家庭服務組織與服務輸送的廣泛領域。

　　「投資」在於現存家庭保護模式的實務意涵，相當重要地在於發展更多制度化訓練的能力。如同家庭維繫倡導者重複地測試，成功的干預介入最終是依賴於勝任的實務工作者。為了更為有效，家庭維繫的工作者應該去瞭解與知道如何使用所設計的服務模式。他們應該有很多的訓練，使得他們可以瞭解與正確地分析廣大範圍的個人與家庭的問題。他們必須擁有人際間與溝通的足夠技術，以致在案主家庭成員中慢慢地獲得信任與理解能力。通常被要求精通一些適當行為的或是心理動力的取向，以及在那些需要被帶來容忍特定家庭問題的特定或是其他社區資源中工

作。

　　現在這些技巧的獲得主要是透過在現存家庭維繫方案中，有經驗的工作人員向新進人員間的傳遞。這種在家庭重建者方案中訓練單位的預期，以及或許少數的其他組織，在國家中實際上並沒有制度化的訓練能力，適合去提升在家庭維繫方案中更為廣泛地明顯實務策略。導向干預介入的本身以及在實務技巧組成要素上的特定化訓練，仍然是在標準的社會工作課程中不復見的。

　　為了家庭維繫的本身更有系統性的擴張，以及為了引導到家庭其他服務的實務原則，更大與更可以接近的訓練能力得以被創造出來。在短期中，這意謂著發展更多特定訓練的提供者，但是以長期來說，這需要合併新的內容到社會工作學院的課程中，這將預備著未來兒童福利與家庭服務的工作者。

　　當對更多可行訓練能力的需求組成了實質的發展，對於擴展家庭維繫明顯地有實務與價值的阻礙，這絕非是唯一，甚至有更多挑戰的阻礙。改變是發生在現存兒童福利與家庭服務的結構、組織與財務上，假若他們曾經去調節了家庭維繫有效的實務原則。

　　或許更多阻礙改變的關聯之顯而易見的例子，存在於許多前線家庭服務與兒童福利工作者的工作結構中。舉例來說，這是清楚、合乎習慣的個案工作量，結合了例行的機構工作，排除了任何在家位置與彈性密集接觸的真實機會，那顯現在於家庭維繫效能的自主上。重整個案工作量與工作結構是明顯的對於這些實務的廣泛應用之先決條件。

　　這應該被強調的不只是個簡單的任務，尤其是在資源不足的公共設施中，已經建立的員工契約、一致性的傳統與工作者可行性的一般測量增加了對地位的強化。因為這些理由，在公共部門

下家庭保護方案的提升，比起立即的服務提供更為重要。以致如前鋒性的努力可以證明了新的與可接受的方式，以確保工作者的權利、適當地督導與減少工作量的效力，他們指出這個方式已朝向在沒有危機干預介入家庭的公共部門中，修正更有效的服務實務。

然而，工作的重構是系統的改變之一，發展在家庭維繫服務所證明的實務原則的廣泛依賴上。朝向真的以家庭為中心取向的實質改變，以為了兒童與父母的需求，或是真實整合的承諾，以及對多重問題的家庭環境產生回應，伴隨著更多現存服務組織與財務上基本改變的意涵。

這些意涵是要挑戰目前人類服務的設置與輸送的類屬特色。在一些測量的方法上，家庭維繫工作因為其工作假定了對問題範圍的責任，以致威脅到家庭的能力，以及因為他們有回應多重且經常改變需求的訓練與資源。一般家庭服務模式的應用，不可避免地需要更多全面性對資源評估的方法，以及服務協調與溝通的新表達方式。至少，它指出了對家庭需求上的協助，一種長遠但是很少達到的採取與評估的聯合。此外，它也建議了真實個案管理能力的價值─它能產生單一專業或是團隊，以整頓替代家庭跨越類屬系統與時間的資源。當然，這類權威與回應的個案管理系統能進一步地暗示服務資源的去類屬化，這樣，類屬的合適與權威要求的排除，以致目前及時的保護與協調對家庭多元系統回應的輸送。

在它最嚴格的規劃中，家庭保護維繫可能完全要求服務系統的再組織化。許多州現有的局，底下區分成部門去負責協調所謂「家庭服務」的輸送。然而在實際上，州與地方「家庭服務」所管轄的領域只通過相關服務與資源的部份，以提供適當的照顧、

福利與發展給這些家庭。「家庭服務」機構典型沒有對所得支持資源、公共健康服務、住宅、心理健康服務或是犯罪的方法有責任或是權威，儘管對這些的需求通常是在家庭服務參考的底層。假若回應危機家庭的家庭維繫所組成在全面需求階段中，適當地回應給予容易受到傷害家庭之支持要求的微觀模式，然後這需要指出比起現在家庭服務機構所有更廣泛組織與資源的管轄範圍。

結　論

在許多的方法中，家庭維繫（指被定義在這本書中）顯示為獨特的工具用以進行所暗示的潛在激進的改革。總之，家庭維繫是個特定性的方案干預。所訴諸的資料已經落實，並非是意識形態或是革新主義者的呼籲，但在其潛能上作為有效花費與實務型式，以對抗不必要的寄養安置。熱衷的倡導者表達了必要，不是要擴大家庭維繫的範圍，但是要持續針對無法立即解決的危機家庭。

然而弔詭的是：這個非常實務性並縮小焦點在於使家庭維繫有完整的觀點，以至長期系統的改變。除了快速擴展資源的需求或是大型公共政策的普查，這證明了有能力去改變兒童與家庭的結果，家庭維繫不可避免地需要政策關注於其本身顯著服務設計的原則以及比較圍繞在更大輸送體系的特色與不適用性。在此放置了微妙之處，但是它卻是家庭維繫最終的重要性。

第三章
家庭重建者模式

Jill Kinney, David Haapala,

Charlotte Booth, and Shelley Leavitt

家庭重建者模式為一積極性居家的家庭危機處遇與教育的方案，這是設計用來避免在州所設置的寄養照顧、團體照顧、精神醫療或是矯治機構中，非必要的兒童家庭的寄養安置。被州社工員所留意到的家庭中，有許多的家庭處於必須接受寄養安置的迫切危險中，這所呈現的問題，包括兒童虐待、疏忽、其它家庭暴力、青少年犯罪、成人犯罪、身心發展遲緩無能以及兒童或父母的心理疾病。這種家庭很難歸入適當的題目家庭類別中。舉例來說，一個家庭可能包含有自殺企圖記錄的沮喪母親，其正值青春期的女兒沒有上學，而且從事色情工作及育有一個發育不良的嬰兒。

　　一旦社會服務機構接受了這個方案家庭，社會服務機構就會提供這些家庭積極性的治療服務。治療師可以在 4 個月的時間中，一天 24 小時、一星期 7 天被預約來幫助解決迫切的危機，而且也會更進一步去教導家庭新的技巧，以幫助他們避免危機的再發生。所有相關的治療工作幾乎都是在個案案主的家庭中、臨近地區以及學校中進行，我們可能與是母親在家進行家務清理工作，或是在當地的麥當勞中照料青少年階段的兒子，或是與他們去學校一起評定老師對學生懲罰的合理性，以及應如何去回應。

　　社工人員在同一個時間內最多能服務 2 個家庭，他們提供這些家庭所需求的任何服務，包括了基本需求的協助，如食物、庇護、衣服以及情緒與關係的諮商。

　　從 1974 年到 1987 年止家庭重建者模式已經輔導了 3497 個個案。在結案後的三個月，有 97%的家庭可以不必接受州所設立的寄養照顧、團體或是精神醫療機構的寄養安置。1987 年 9 月，在可信資料追蹤了 12 個月後，資料顯示寄養安置問

題已經在 88%的個案中獲得改善。家庭重建者模式服務所及的區域，包括了都市與鄉村中所設置的機構，其運作在 4 個Washington 州的郡—King，Pierce，Sonhomish 及 Spokane，1987年後，紐約市的 Bronx 也設立了家庭重建者模式的服務方式，這 5 個地區每年所服務的個案超過了 550 個以上。家庭重建者模式也對其他想要成爲家庭保護方案的機構，提供了良好的訓練計畫。他們提供美國所有的州以及 8 個郡中的團體，訓練與諮詢的課程。他們回應了 152 個團體的要求，並提供 32 個團體正式的訓練與諮商計劃，且也在許多正式的會議中受邀演講。**表 3-1** 說明了機構歷年來的發展。

方案的原則

為什麼要改變寄養安置？

　　家庭重建者模式的理念與價值是建立在他對家庭所提供的服務。在大部份的個案中讓兒童能夠在他們原生家庭中成長是最好的選擇。讓家庭保持完整，而且問題是產生在家庭的脈絡上，對兒童、家庭與社區都有很多的好處，而且問題是在家庭的脈絡而不是透過寄養安置就可以加以解決。在接收的個案中，幾乎所有家庭中的成員情緒性反應都非常地強烈，並且相互糾葛，需要予以輔導。情緒有時後是混雜的，若有互動也是痛苦的，但是通常在他們心中又存有另一種希望與家人緊密結合的、互相關心的、思念的、期望與相愛的感覺，且希望能從中學到處理問題與困難的新方法。

表 3-1　家庭重建者方案的發展

1974	計畫開始在 Washington 州的 Tacoma，由 Catholic 社會服務團體所贊助的 4 個治療師所組成，而服務是針對緊急寄養安置的兒童。輔導結束 3 個月的成功比例為 92.3%。
1976	由美國健康、教育與福利部、兒童、青少年與家庭的行政部門所贊助，方案因而擴大。從 Pierce 郡青少年法庭的參考方案，包括了超負荷個案量的直接追蹤，以檢視安置是否發生。在接案後 12 個月的成功比例為 73%，有 73%的比較個案被安置。
1977	家庭重建者模式開始提供訓練課程給其他組織，以及家庭重建者模式的工作人員。
1978	計畫擴展至 Washington 州的 Seattle。計劃實施之後 3 個月初步的成功比例為 100%。
1979	Washington 州議會設立了心理健康計畫，以檢視是否可以 Pierce 郡志願委託機構所提供的相關服務，可以避免從進入西部州立精神醫療院所。此計劃成功的比例為 80%。有 1%的個案未被檢視，因為計畫完全地被安置。
1980	Washington 州社會與健康服務部設此方案，處理並避免發展障礙兒童的寄養安置，並設立很多的限制。在結束後 3 個月的成功比例為 87%。
1982	家庭重建者模式創造了他們自己新的家長組織、行為科學機構。
1983	Washington 州 DSHS 擴展方案至 Spokme 郡。在結束後 3 個月的第一年成功比例為 92%。
1984	Washington 州 DSHS 擴展方案至 Snohomich 郡。在結束後 12 個月的第一年成功比例為 96%。
1986	兒童、青少年與家庭行政單位在行為科學機構與 Medina 兒童服務間設立聯合的計畫，處理有特定需求兒童的領養家庭檢視模式。3 個月的成功比例為 86%。
1987	紐約市人類資源行政單位與 Bronx, New York Edna McConnel Clark 基金會成立。輔導結束後 3 個月的成功比例第一年為 87%。
1988	Washington 州 DSHS 擴展方案至 Kitsap 與 Whitman 郡。

舉例來說，在 Tacoma 的一個個案中，有一個少女描敘述她母親時，除了一些負面的看法外，就沒什麼特殊的了，而且大部份並未說明。但是，當女孩藉由打零工來賺錢的時候，她卻花了兩個小時的時間在當地的購物中心，尋找給她母親的禮物——種母親很喜歡的軟糖。

　　對許多家庭而最好處理問題的方式是學習掌握他們自己的問題，而不是在事情變得一團糟的時候，一直依賴州政府去解救他們。家庭維繫服務強調執著、用心、承諾與責任感，他們不鼓勵逃避、依賴與失去希望。

　　在家庭重建者的方案中，家庭在環境中所學習到新的行為方式，將是他們需要用到的。在多數的個案中，父母能學習去限制和控制自已的情緒，以及提供孩子們所需的基本需求。而兒童則學習去評估他們自己的目標，以及控制他們自己的行為，以獲得更多的獎賞與減少懲罰。家庭重建者模式無法治療所有的問題。它沒有辦法生產更好的家庭，但是，當服務結束時，多數的家庭與參考點相較而言，具有更好的情況，而且家庭成員能夠一起成長。

　　與家庭分開的兒童錯失了與家庭成長的重要部份，這使得他們很難再獲得原始的歸屬感與連續性。當家庭沒有辦法一起過生日會及聖誕節時，感情就產生了縫隙，而當可以分享彼此感覺的重要事件越來越少時，就難獲得家庭感情中最原始強烈的部份。此外，當家庭成員一起參與解決自己的問題時，個別的家庭成員比較不會感覺到被拒絕、不適當或者是希望失敗，而且也比較不會用責備、分離以及放棄問題解決的方法。在寄養安置中的兒童會對其他仍在家中的兄弟姐妹感到嫉妒。在團體照顧中的兒童，會以其他的問題兒童，作為其角色的學習對

象，在寄養安置中的兒童，也會被同儕貼上負面的標籤，或是對原生或寄養父母，以及團體家庭的工作者感到不安。在寄養安置中的家庭也易於遭受到個案工作者的影響，以及經常從一個機構轉換至另外一個機構，因此對某些人來說，他們並沒有真正的行為參考對象，也沒有人可以依賴，而這種的不連續性對讓他們很難去建立認同，讓自己覺得他們是重要的或是去計畫未來。

在這種對家庭的重要理念下，形成了家庭重建者模式服務方案的基礎，其他重要的價值、態度與信念也影響了模式的策略。

首先，經驗無法讓我們斷言：什麼是**沒有希望家庭的類型，以及將會從處遇中得到什麼**。舉例來說，在 Tacoma 我們的第一個案是發生在多種族的家庭中，母親與其丈夫間有很嚴重的爭執，他強奪她的車鑰匙外出，並開走她的卡車，而她追著他，並且透過車窗試圖拿回鑰匙，所以他搖下了車窗、拉著她的手並拖著她達三個街道之遠。她入院一個星期後，回家休養。身體受傷，以致無法持續她的工作，這使得她沒有錢也沒有食物，而她的車也沒有辦法開，另外她 14 歲大兒子輟學了，她曾經看到大兒子想要去勒死她 6 歲的兒子，而在我們第二次的會談中，我們發現她 16 歲的女兒懷孕了。

聽到這裡，就已經讓我們感到窘困與沮喪，這樣的問題應如何去解決呢？我們和母親坐在她廚房的桌子前，寫下全部艱難的問題，以及能夠處理這些問題所有可能的解決方式。然後我們的工作全部就落在贊成或是反對的選擇方案中。我們決定了機械的訓練方案，這讓她能夠自己修理自己的車。我們也決定了選擇食物銀行的方案，以便讓她可以得到緊急的公共救

助。另外她的雇主也同意在她的身體狀況恢復到可以負擔工作時，可以回去上班。她的女兒決定去墮胎；他 16 歲的兒子決定轉學到其他學校；教導母親學習更好的親子技巧，讓她可以管理、控制正值青少年階段兒子的行為，也讓較兒子停止了對弟弟的攻擊，所以當大的兒子在學校的表現比較好的時候，母親感受的挫折也較少。

我們會每過一陣子得到關於這個家庭的消息，在處遇的十年之後，大孩子從中學畢業了，而且也結婚開始工作了。較小的孩子也過得很好，母親也試著去探詢在家庭重建者模式中有困難的朋友，在我們介入這個家庭的第一個星期時，我們很難預測事情能運作得這麼好。

現在有了 13 年的經驗後，唯一我們不情願去服務的團體是父母有嚴重的藥癮，以致於他們全部的生活只關注在獲得藥品，與生存在非常危險的嗑藥文化中。我們覺得讓孩子留在這樣的嗑藥環境中實在太危險，這些上了毒品癮者的人當他們沒錢買毒品時，什麼事都做得出來。

排除這些有複雜問題的人口後，即使是用客觀的電腦分析某些案主特質，在提供服務前，我們無法預測這些家庭可從服務中得到什麼好處。有時候，參考過去個案的資料，就會發現令人沮喪的個案史，包括所提供服務失敗的陳述，以及阻礙成功的困難問題。許多個案已經由精神分析師或是其他人診斷過，他們應該知道這個家庭是否有無希望，像是「精神分裂症」或是「極端的精神異常」的診斷。儘管社工員通常關心這些人的轉借服務，我們相信，除非是潛在暴力能讓家庭成員處在很多的危機之中外，所有的家庭成員應該有學習一起解決他們本身的問題的機會。即使家庭面臨親子課程、家族治療、警察介

入以及家庭外寄養安置的，應仍然有能力去學習解決他們自己的問題。意思是說，即使最初只抱怨當他們正值青春期的女兒洗髮時只上一次肥皂，若不學習解決這些溝通問題，這最後；也將使得她的女兒必須安置在家庭之外。

(一)注入希望的工作（to Instill Hope）

許多家庭都有很好的理由不願意多盡些心力在積極性家庭維繫服務的方案中。因為許多家庭經歷眾多的輔導計劃方案，以及不斷接受指派社工人員，但是所經歷的計劃成功的比例卻非常少。在我們第一次會談的時候，家庭中大部份的成員會抑制他們的悲傷，當計劃失敗時我們會說：「但是我們已經進行諮商，只是無法運作」。然而，我們的目標是要幫助他們看到家庭重建者模式並非只是諮商，而且只要我們相信他們的問題是有希望的，就有很多很多的方案留待我們去嘗試。過去，失敗是因為服務是建立在失敗上，我們應該要懷疑是否提供某些其他條件的服務最比尋求最完美的解決方式來得恰當？在所有的地方都已經失敗的時候，也要讓他們有一點點的理由相信其他的嘗試將會成功。

減少改變的障礙，是我們注入希望的最佳方式，所以要讓個案家庭能夠輕鬆地看著我們，與我們交談，喜歡我們，以及了解我們所要嘗試的。我們除了能夠幫助他們，也能夠幫助我們自己，藉由定義真實的目標讓我們在自己的創造力、熱心及樂觀上持續工作。

(二)案主是我們的同事群

我們不能認為只有兩種類型的人，健康的與生病的：一個團體可以管理他們自己，而另外一個群體幾乎沒有辦法這樣做，每個人都有需要幫助的時候。改變的力量是在案主身上。

社工人員的工作就是去幫助清理改變的障礙的，讓案主的力量可以發揮。幾乎所有我所看到的家庭都想要與其他人和睦相處，被尊敬與喜歡，感受到歸屬，在社會中成功，以及按照他們自己的方法而活，想要成長，以及經營他們的生活，讓生命變得更有競爭力。雖然我們無法幫助他們得到這些，但是卻會被感動，如同我們聽到領取第三代福利津貼的母親談論有關她如何渴望她 6 歲的孩子可以從中學畢業，以離開這裡，到安全與乾淨的地方生活。我們傾聽這些人的話，相信他們想想要重新開始發展的想法，以及接受他們認為我們所提供的點子是沒有意義的，加上都是非常重要的訊息。因為他們比我們更瞭解多關於自己生活的訊息，加上我們專業見識，這些是會達到良好的結合。當然他們也會表達潛在的限制與資源的訊息，有時候這會動搖或沈寂我們美好的想法或是處遇。

假若我們相信案主有價值的訊息與觀點，並且以對待同事的方式來對待他們，他們會感受到我們的尊重。他們通常會更願意以相同的尊重方式來對待我們，也更喜歡我們曾經展示給他們的機智處理。當社工員對待家庭成員以莊重的態度，在整個處遇中設立了愉快與合作的基礎，甚至當社工員最初對案主的感覺不好，卻仍能以尊重的態度來對待對方，那麼案主也會以相類似的方式回應，這也讓治療者更容易喜歡他們的案主。

與中產階級的案主在一起更能夠體會到所謂尊重的理念，與觀念清晰的感覺，這些中產階級的案主來辦公室會有禮貌地談論他們的問題，若與感覺不好的人在一起，也會讓社工人員有更多的挑戰，這些人笑裡藏刀,在他們孩子的臉上留下傷痕，卻是微笑地面對諮商員。在我們聽到案主遭遇的時候，我們相信必將經過法律的審判的過程，誰會告訴某人某件事，如果這

些事是荒誕不經或是會讓他們聲譽受悔或是讓他處罰？從另一方面來看，我們如果不知道事情的真像，又如何能幫助他們，常常總是當我們真正地了解事情真像時，就會很容易產生同情心，以致於在我們要對事情下結論以及要我們對這些人複雜的生活保持沉默的時候，就很難去避免批判或是責備。我們努力去維持在心中每一個瘋狂、困窘、不高興案主的地位時，也會使有愛心的社工員有了離開工作崗位的掙扎。

(三)人是盡力而為

人在有限的資訊、能量與資源的時間中，人們幾乎是盡力而為的。我們很少全然惡意地傷害別人，一般來說，虐待是對控制管理個人壓力的負面效果，以致表現在我們的生活中。當我們感到挫折、傷害與迷惑的時候，我們喜歡去逃離手邊最緊密的部份，在過完艱難工作的一天後，我們可以瞭解為何配偶會把小事視為像天一樣大，所以想像一個心煩意亂的母親在清理 6 個孩子一天的所為後，還要處理家庭成員要吃的燕麥粥，在床墊上老鼠咬過的部份，還發現她的腳被臭蟲叮咬，會對那個拉著裙角並抱怨著要舒適、或要糖果或更好生活的孩子摑耳光。

即使是在最糟的情況下，家庭重建者模式的工作人員通常也會觀察家庭成員對其他人照顧。儘管人的所做所為有時候會嚴重地傷害到別人，但通常他們都有合理的意圖，我們相信人通常會傷害其他人，是由於缺乏相關技巧的或訊息，諸如生氣的管理，或錯誤的資訊，比如說相信處罰為必要的父母技巧，以及在許多的狀況裏都是錯誤的行為，諸如過份嚴苛的字眼。回想當我們青少年階段的時候，我們的母親總會問我們去哪，而我們總是說「沒有去哪啊」，她會認為「你必須告訴我」，

我們會認為「這是我自己的事」，她會生氣地說「你不能出去」，某些人會進去房間，某些人是跑出房間外，並用力關門，少數部份的人結束在與母親身體的扭打中。一件事會導致另外一件事，例如，在家庭中無意的評論，會衍生出嚴重肢體的打鬥，這些有相同的家庭通常需要學習去打破情緒最低層次的禁錮。

讓我們對所工作的個案家庭具有同情心，會讓我們更努力去發現這個地家庭所共同經歷的痛苦而減少我們對他的責難。我們很少迷惑與被威脅，平靜下來會使事情更容易處理，因為我們將有能力傾聽家庭成員的心聲，以瞭解關於他們如何困難地去嘗試如何關心彼此。舉例來說，當我們用心傾聽，我們通常會聽到母親在她生氣的背後對逃家女兒安危的擔心。

(四)我們可能會傷害也有可能對個案家庭有幫助，所以我們應該更小心

基於幫助家庭的原意到後來也可能是去傷害他們，隨著處理方案的選擇會產生特定的危險，而我們在指導處遇的時候也要更加小心不去傷害案主，否則會使得他們最後的結果更糟。知道某些特定「應該可以」運作的技術會鼓舞了一些治療者，而堅持增加運用在案主身上。例如：操縱、反策略化或是欺騙案主，都會強化案主無能與迷惘的感覺，假若社工員所設立的期望太高，案主會感受到壓迫。假若我們要求案主做不想做的事情，諸如談論有關童年的細節或當他們生氣的時候，分享對其他人的感覺，這樣案主會感覺到挫折。假若我們責備案主的反抗，這樣案主會感覺到罪惡，增加他們不適當的感覺。假若我們告訴案主他們不了解他自己的家庭問題，或是問題要如何去解決，這樣家庭成員在他們接受幫助前會覺得自己沒有能力而傷害到他們的自尊心。

我們太常以治療者自居，我們認為我們應該去做某些事，但是，我們通常卻不知道應該怎麼做。我們可能會推薦不必要的寄養安置，或是支持「代罪羔羊」的方式，或是教導母親自我肯定的訓練，我們可能激起婚姻的問題，但卻沒有能力幫助他們去解決這樣的問題。我們相信我們無法避免道德上的責任，因為那是伴隨著我們所掌握的權力而來。假如我們相信我們能夠幫助人變得更好，我們必須承認我們也會讓他們會變得更壞，所以我們必須要非常小心。

　　既然我們有可能產生傷害，我們的行動就要細心地審視，以確保我們的權威不會傷害到案主。也就是說，如果我們是有利於或是有害於案主的，在個案開始的時候就必須客觀的描述，家庭的狀況是怎麼樣，以及在我們介入期間，也必須持續追蹤案主的狀況是否變好還是變壞。我們有義務要告訴案主，我們要做些什麼（幫助他們學習處理他們問題的新方法），以及為什麼我們要這樣做（因為我們相信多數的家庭，當他們能在一起共同努力解決問題，而不是將兒童安置在家庭外能讓他們更高興）。我們通常也有義務陳述他們將要付出的時間與努力，以獲得更快樂的生活。我們有也必須，在處遇期間以及之後去傾聽他們的回應，讓我們使用的方法都是有用與愉快的。這個目標的最後的核心信念是要我們對員工提供，如同我們提供給案主支持理念。督導與行政管理者必須要在一天 24 小時、一週 7 天中盡可能的傾聽社工人員的問題，並且回應他們的關懷。我們通常也必須提供技巧，讓社工人員進行家庭重建者工作，以及維持在合理化的生活中。訓練對社會工作人員來說是工作的關鍵與持續的支持。由**表 3-2** 可看出成為治療師所需之所有基本訓練。

表 3-2　家庭重建者模式工作人員訓練模式規範

1. **緒論**
   家庭重建者方案的歷史，描述家庭重建者模式的案主與有效花費、處遇的訊息。介紹危機干預介入，以及討論訓練。

2. **家庭重建者模式的策略**
   家庭重建者模式的策略、特徵與指導的概念。

3. **對治療師壓力的管理**
   策略治療師與其他人使用，來維持身心的福利；在壓力管理上重建認知的使用。

4. **解除危機、介入與面對案主**
   使用主動傾聽和其他技巧去解除危機和介入個案。訓練者參與運作以及練習這些預習行為的技巧。

5. **對暴力行為潛力的評估**
   主要的議題是環繞在暴力和危險行為的預測，以及提升治療師技巧去評估家庭暴力潛在的想法。

6. **訪問前的訓練**
   用來避免發生在訪問前產生暴力的家庭結構策略。參與者練習了特定在行為預演情境中所有相關的技巧。

7. **評估和目標設立**
   評估家庭與發展處遇目標為家庭重建者模式的方法；主動地使用傾聽去獲得資訊，以及對問題的優先順序排列和發展真實的目標。

8. **訪問期間的訓練**
   使用認知、環境和人際的策略去組成情境，以避免在訪問家庭期間的暴力。

9. **訪問中的訓練**
   環境和行為的策略用來對組成家庭的情境，以避免治療師在訪問之間發生暴力，與一些有傷害的行動。

10. **對家庭教導技巧**
    對家庭教導技巧的三個方法—直接引導、塑造以及使用結果—增加使用會提高教導效果的過程。

11. **教導家庭行為管理的技巧**
    設計和使用行為處遇的策略，幫助並鼓勵期望的行為以及不鼓勵問題行為；以特定行為管理技巧去教導家庭，包括了連續結果的使用、行為圖表、動機系統和契約；對家庭干預介入的細部方法，以及協助家庭執行行為的干預介入。

12. **教導溝通過程**
　　教導家庭基本溝通技巧的方法—主動傾聽以及使用「我」的訊息。

13. **教導家庭具體處遇的技巧**
　　協助案主理解他們認知的方法，能彰顯感情與行為，以及如何檢視與
　　改變他們的認知。

14. **當進步無法產生**
　　用一些議題去檢視當處遇無法進步以及當治療者感到「膠著」的時候
　　可使用的方法。

15. **教導家庭改變的技巧**
　　使用改變的模式；如何教導案主到不公平的認知層次，去回應改變的
　　行為，而且去決定何時要改變。

16. **家庭的生氣管理**
　　在生氣管理上認知和行為干預介入的使用，以及對生氣案主運作的特
　　殊理念。

17. **灰心和自殺**
　　對灰心案主處遇的策略。

18 **多重影響治療**（MacGregor et al.,1964）
　　多重治療干預介入的技術，使用在當治療者感到膠著的時候，以及與
　　家庭溝通上薄弱的時候。

19. **教導家庭問題解決的技巧**
　　基本問題解決方法的治療師能夠教導父母和兒童；治療師如何協助案
　　主在日常生活中，使用這些問題解決技巧。

20. **教導互動**
　　教導互動的運用，對教導和修正行為有直接、正向的取向，以及如何
　　教導給父母；預防教導和改正教導的使用，處理正在發生的行為，參
　　與者練習這些技巧在預演的情境中。

21. **結束的議題**
　　引導結束積極家庭維繫服務，以及對服務的擴展。內容包括結束的過
　　程，網絡的使用，以及參考現行的服務。

模式的基本組成要素

之前所解釋的信念、態度與價值已經說明了家庭重建者服務輸送模式的重要組成要素。這些要素間彼此是相關的，如同對方案哲理一樣。我們相信他們的會互動使得模式更加有力，勝過將組成要素分開來使用的情況。

一、治療者的方便性

如前所述，如果能讓案主沒有障礙的接受服務，家庭會更有改變的動機，這可幫助他們將所受的痛苦轉化為改變的力量。所以社工人員必須在家庭成員受到最大傷害的時候，發展了許多接近個案家庭的策略；隨時都可以來幫助、陪伴他們。

當個案家庭感覺到有需社工人員服務的時候，社工人員就可以出現來幫助他們，表示計畫行程是根據案主的需求所訂義的，而不是因社工人員或是方案的方便性。舉例來說，某家庭可能在早上 6:30 的時候面臨最大的困擾，因為孩子們必須準備上晨間課程，所以對治療者而言，這可能是他們出現在個案家庭的最好時機，雖然這不是社工人員開始上班的時間。

由於治療者依案主方便的時間來排行程，增加了所有家庭成員參與處遇的機會。此外，在痛苦中的案主改變的動機，以及嘗試新的處理方法的意願更高，當家庭成員有人在啜泣或是在氣溫突然降到 20 度時，孩子只有 T 恤可穿時要個案家庭拒絕幫助是非常困難的。當治療者在這種情緒高昂的時間或是有強烈需求的時候出現，案主會因為這些因素而更加信任治療人

員，在案主與治療師之間的個人情緒連結，也將促成了進一步的合作，讓治療結果更加有效。

基於特定標準與社工人員的方便性(availability)，案主在 24 小時內接受面對面的訪談，於是案主已進入方案的執行，在此之後，治療師會經常拜訪案主的家庭，在新的危機產生的時候，治療師會立即或是在幾個小時內到案主家中的，而案主會有他們治療師、治療師督導與方案行政上的工作人員家中的電話號碼。因為我們非常相信連續性照顧的好處，因此，主要的工作人員必須讓案主知道什麼地方是可以找到他們，特別是在家庭看起來最脆弱的那段時間。有時候，若這些工作人員在案主需求發生的時候沒有空，那麼案主也可以撥呼叫器，呼叫 24 小時隨時待命的個案治療師。

我們若經常聽到別人表達對我們的關心，可能會造成我們的依賴性，因此，家庭重建者模式的社工人員常感覺到不應該等案主通知，除非是有什麼不對勁，若是這樣，解決議題也是治療師工作的一部份。案主缺乏使用資源的技巧或是控制情緒的技巧，都是問題，當案主已經表達這些問題的時候，就值得治療師花時間與努力。多數的案主會想到打電話給治療師，而經常打電話的人表示他們身旁需要可以信任的人；只有信任了治療師他們才會有勇氣去嘗試一些新的處理方法。多數的案主在對工作的意願與能力是令人感動的，案主也能走出需要別人協助，到達能自己解決問題的境界。

但是我們也必須注意案主的依賴性，所以治療師必須試著鼓勵案主去歸納他們的問題，先對案主所陳述的問題做彙總，告訴他們：「什麼是你目前重要的事必須立即去處理」，有那些可選擇的方案值得我們去嘗試，「什麼讓你產生最多的感

受？」，我們要他們盡快地處理他們自己的問題。也就是說我們應該和他們一起到倉庫取得食物，在機構中支持他們與模式的互動，但是從開始的目標是要教導他們如何用自己的方式去解決問題，而不是要我們一直幫他們去做。

二、有彈性的計劃

只有在同時間有 2 個個案家庭時，社工人員才會有彈性的計畫，這允許他們給案主更多需求的時間。我們將在處遇進行中，待上夠長的時間，以確保案主能夠單獨平靜地留下來。在初次訪視後，通常是需要約談的計劃，在時間上要對案主方便，折以時間包括了週末、晚上及假日。

典型的個案在第一天中需要 4 個小時，第二天需要 3 個小時，第三天用電話聯絡，第四天需要 4 個小時，一個星期後每天 3 個小時，在持續的幾個禮拜中，每週 3-4 次，每次 3 個小時。通常治療師們在這段期間會有 1 或 2 次額外 4 個小時的緊急會談，但是，有時候對於某些比較複雜的個案就必須找更多的工作人員開會一同解決，對於少數的個案，其治療團隊每週需要花上 60 個小時。有些個案有高暴力傾向，如果外在沒有呈現，我們也會感到傷害發生在一個或是更多的家庭成員上。在 Seattle 的一個個案中，8 歲及 10 歲大的男孩攻擊他們的母親，直到她的身體佈滿了瘀傷，男孩推倒了家具並撕開填充物，當母親試著對他們設立限制，把他們關在房間中，他們卻從窗戶爬到屋頂並威脅要跳下去。對於這個個案，治療師輪流當母親的支援，直到情況改善為止。在這個個案中，有一個男孩，這從未這樣做過，所於他被安置於一個團體的家庭中，另一個則仍然留在家，其他的家庭成員也穩定下來。這個家庭個案結

束約一年之後，我們看到被安置在外的男孩已經從團體家庭中帶回。通常，假若一個個案需要更換免費的社工人員，我們不能幫助他們達到我們喜歡的等級，隨著時間的變化，我們比較不喜歡嘗試這些在非常長的時間中，執行超乎常人的工作時間。對社工人員是非常困難的，而成功的機會也不是很大。若需要的話，比如父母或是兒童擔心有人會在清晨前或做一些傷害他們的事，社工人員可以花晚上的時間，然而，通常在可以控制下的情況，並不會提供如此密集的服務。

三、服務的地點

　　儘管大部份的家庭重建者的處遇是發生在案主的家中，治療師也會到問題出現的地方—包括是學校、社區中心以及青少年的聚集場所，雖然某些青少年看到治療師的時候會不好意思，但因為某些家庭重建者模式的工作人員是非常年輕又有吸引力，所以被視為身份的象徵，治療師的出現讓青少年案主在他們朋友面前感到自己的重要性，也讓朋友加入，這樣還有利於輔導的進行，因為我們能夠影響到整個同儕團體，我們的案主更有可能維持他們所產生的進步。有時候對家庭成員視為個體是有所幫助，但是在家中不可能有隱私。好的諮商處理是發生在餐廳內，那邊通常是針對父母的處遇，令人震驚的是：在 McDonald 的治療是非常有效的，因為許多的青少年仍然喜歡快樂兒童餐所附贈的小玩具。另一個令人驚訝的是還有不少父母為求得短時間的安靜而以富有同情心的家庭治療師來獎賞小孩。當青少年被載到某個地方，治療師注意到許多退縮的青少年在治療時會和他們交談。在車上、公園或是其他地點，都勝過辦公室或在家中對兒童或是青少年治療。假若參觀 Bronx 動

物園是可行的話，在 Bronx，有爲數不少的兒童可能會看到治療師的臉突然出現在他們眼前。

可能是由於在案主的領域中可以接觸到更多相關的資訊，或是在危機發生時，家庭中太過混亂，無法驅車前往服務中心，而使得治療由辦公室轉往案主家中，此外，許多過去不成功的社會服務與對再次嘗試感到矛盾，以致於案主要接受治療要解決交通問題感到氣餒，所以服務是直接給案主，就沒有障礙，案主到時間不出現，改變約會的情形就變得非常少了。

社工人員能夠獲得更多適當的評估，因爲他們能在行動中看到完整過程，他們能夠觀察家庭成員新的行爲，修訂需要的計畫以及提供支持直到案子成功。當母親第一次企圖要使他 3 歲的孩子「暫停」一切行爲以作爲處罰，我們會在那裡，一起聽他孩子哭，我們會支持她，並再次關門，照字面上來說，如果需要的話，當孩子大聲喊叫的時候，我們能夠握著母親的手，我們可以成爲當小朋有冷靜下來後歡迎他的模範或從中鼓勵他，當事情過去之後我們可以陪媽媽喝一杯熱茶並恭禧她已經走出陰霾，案主知道治療師已直接地接觸與經歷他們家庭的問題，而不是只聽他們或是可能發生的問題進行不正確的假設。假若母親知道治療師在她家中經歷老鼠在他腳邊亂跑亂撞，當他父親問她何時要回來時，或是聽到少女所使用來詛咒他的父親的語言，這將會增加了治療師的信賴度。

最終，家庭需要在家去使用新的技巧，如果他們在辦公室學到這些，這通常是很難去將這些知識帶到新的情境中，許多新的行爲從未移轉至他們所真實需求的環境上。家庭可以聽到好行爲的獎賞，但只是聽到是很難去了解所包含全部的行爲，當他們看到治療師獎賞兒童因爲接受「不」時，就變得比較爲

清楚了。當治療師在現場教導他們如何在下次強化兒童的認知時，他們開始感覺到有成功的信心。通常，如果全部的服務是在案主自然的環境中提供則類化(generalization)或是學習轉移(transfer of learning)就能夠完成，因為治療師能夠模擬他們將來需要之情境中的技巧。

當處遇是發生在家庭中，這表示更有可能是全部的家庭成員都會參與的。這對他們來說是相當方便的。他們得到觀察自己的機會，沒有人會被責備或是被驅使，甚至是即使某些家庭成員並沒有直接地參與—如果他們坐在另一個房間，而且刻意地忽略治療師—治療師通常感到驚訝去學習到這些背景中所拾起的家庭成員資訊，他們的好奇心也會驅使他們進入前景，在Tacoma 的一個家庭中，治療師是有 6 個月身孕的孕婦，儘管在第一次的會談中，治療師遇到了父親，從此之後他沒有再進入客廳。在治療的前 2 週後，他開始從房間出來給予要離開的治療師禮物，有一次是香蕉（香蕉對孕婦來說是好的），有一次是一袋蜜餞，有一次，治療師生病另一個是男生的團隊成員代替了她，當他離開的時候，父親給他一本花花公子雜誌，這表示父親專注並重視治療，儘管他沒有選擇直接的參與。

家庭成員喜歡在宅的服務，不僅是對他們更加方便與俱有功能外，許多評論也指出這也會幫助減緩一些不安，也是在於服務上必要的要求。他們感受到較少的諂媚或批評，而家庭中也有家庭成員或朋友願意出去幫忙。這種概念對傳統個案工作者、社工員或是醫生/病人的角色更加適合，當他們感到適合的時候，案主更有可能實驗這些新選項。

四、在服務輸送的彈性

增加計畫與會談長度的彈性，我們認為這對找出個案家庭最需要的相關服務是非常重要的。

所有服務的目標在於讓家庭解決他們自己的問題，在會談中他們要求幫助，以迎合諸如食物、衣物或是住所等基本的需求，他們開始申請使用公共的運輸、預算、營養或與學校或其他社會服務工作人員建立關係。關於兒童發展、親子、溝通、生氣管理、主張與一般問題解決技巧的方法等服務也是可行的。我們期望工作人員能提供任何狀況中所有可行的選擇方案，以便讓案主可以感受到處遇中尊重案主的價值與信念，假若家庭成員對於行為處遇不舒服，他們可能喜歡理情治療，假若他們並沒有回應理情治療，他們會對價值釐清感到舒服，服務的選項只受限於社工人員與他團隊成員的創作。

我們曾經被問過為什麼我們要用受過高級訓練的社工人員，通常這些人具有碩士學位，來幫助案主找到符合基本的需求，我們相信我們有很多非常重要的理由，因為在艱難的服務輸送中包含著高度的專業性技巧，而不只是分派這些任務到半專業化的人員就可以的。家庭維繫服務的基本目標是教導家庭必要的技巧，當只有部份的資源或方法可以用來提供具體服務的需求，又在某些社區中容易找到食物、住宅或交通時，要去教導案主如何展現這些任務和倡導他們自己就會變得非常複雜。特別是在紐約，對於獲得服務的機構，即使是最簡單的程序，也會成為格外地困難、非常有壓力以及浪費時間的負面任務。

將個案家庭依專業服務等工作種類來分類，不但讓個案變

得難以調解，且也使得案主感到無所適從。此外，我們發現提供具體服務，諸如清潔公寓或載案主去雜貨店，這是種可怕的服務方式更會忙壞了案主。多數的案主家庭已經經歷了許多的治療師，他們通常會認為治療師不能或將不會有實質性的協助，所以當治療師能提供具體的服務，案主通常會驚訝並且感謝治療師實際能幫忙。一旦治療師已經證明了他所做的不只是「口頭上的治療」案主通常就更有意願去分享訊息，或是接受社工人員的建議。

我們也發現當治療師若能與案主一起做實際的工作，諸如洗碗盤，或去領取食物，會讓案主以更開放的心情來分享資訊，有時候當案主在其他的事情上感到有些無助的時候，就變得比較容易觸及他們心理深層，更為複雜的情緒與思想，這時候能夠讓他們能接受資訊與行動者只有治療師。

使用社工人員所提供兼具軟性與硬性服務，不但幫助家庭減少了困難，並提供了較全面性的計畫，當社工人員與案主共同花時間在克服困難時，社工人員也從中學得與個案相關的事情，當他們一起花時間在於艱難的服務上。這也是一種觀察案主自我肯定與處理挫折的好方法。更重要的是，當提供具體的服務時，治療師能利用「機會教育」，當然經驗技巧或是個人是無法做到這樣子。總之，與案主共同經歷一切，社工人員才會有最完整的第一手資料與最正確的看法。

五、積極的服務

我們儘可能的提供最積極的服務，因為我們相信多數的改變發生在當人們感到真正沮喪時。在家庭危機中發生時，我們希望能夠看到他們，並且希望我們能夠迅速地與完善地處理在

處遇期間發生的各種小危機。為了維持我們迅速、全面性的回應的能力，我們需要降低並維持某個的個案量，為了保持花費的合理性，我們需要保持處遇最必要的時間長度，以安全地穩定家庭為目標而非安置。

六、社工人員的工作負荷量

在家庭重建者模式中，社工人員同時可接下 2 個個案，這讓他們有時間提供特定的心理教育取向的干預介入，以及幫助符合家庭的基本服務需求。總之，就如同許多傳統諮商方案中治療師所做的一樣，家庭重建者模式的治療師同樣地檢視了一年中所有個案家庭的總數，但是他們更重視用在當家庭面臨危機時所經歷了最痛苦的時間所產生的實質效果，這個讓個案家庭更開放來接受改變。

所以當他們在同時間要訪問超過 2 個家庭的時候，社工人員就失去了可接近性，他們沒有辦法同時回應 6 個家庭的需求，但是他們只可以回應 2 個家庭。儘管家庭重建者模式有良好的支持系統，若缺乏可接性就必須以案主的安全性與可能導致的悲劇事件做為交換。

當治療師必須處理更多的家庭時，他們的時間也失去了彈性，例如某一家庭需要較少的時間，而另一家庭需要更多的時間，社工人員就很難只停留在一個家庭中而是需要更多的時間來處理事情。此外，有很多的個案家庭需要治療師來拜訪，且在危機中或是經歷多重問題的案主，若治療師若能立即的回應能夠案主獲益更多，而愈少的個案量，愈有可能讓治療師快速地回應案主的危機與關心，讓治療師產生更大的影響力。

時間的限制也限制了處遇的困難服務，提供艱難服務以及

教導家庭如何去獲得這些資源，通常是處遇中最花時間的部份，到福利辦公室或是醫院，或是加入年輕人在放學後的活動都可能花上整個下午或是一整天，所以如果是一個社工人員必須面對很多家庭，他們就很難找出他們還有什麼時間可以利用。

我們已經知道 2 個家庭個案量是構成的阻礙，關心成本問題的人，認為每個治療師在 3 個月中檢視 6 個家庭，或是 6 個月中服務 12 個家庭是最恰當的。但是諷刺的是，這種型式也定義了社工人員每人每年檢視家庭的數量（24）（實際上，多數的家庭重建者模式以及其他相關家庭維繫工作者每年服務 20 個家庭，因為有假期、生日、個案延展的時間），而將一年中處理個案的總數目納入考是相當重要的，而不應只考慮在某一個時間點上所服務的個案數量。

在傳統的兒童福利指導方針中，建議每個兒童保護服務的工作人員每人每年處理 20 個個案（Child Welfare League of America Standards for Child Protective Service, Revised Edition，1973, p.60）。據此，認定家庭重建者模式的治療師每年接受的個案也必須比照此數字。而團體家庭服務在 6-10 個工作人員下每年服務的個案數可能少於 10 個，這表示每位工作者每年只有一個個案（或更少），另外精神醫療所接受的個案與其工作人員比例差不多，因此就一年來說，每位治療師每年 20 個個案是合理化的要求。

我們喜歡保持較少的個案量，因為這考慮到社工人員的負荷。家庭重建者模式所服務的多數家庭問題是關係到許多的不同的領域，所有家庭重建者模式治療師的經驗與個案家庭必須能夠緊密結合，如果沒有花適當的時間在案主的家庭上，治療

師就很難追蹤各種持續發生的所有事情，此外，想要同時負責超過 2 個家庭的個案，就會影響到 24 小時的呼叫服務，所以諸如這種負擔是行不通的。

七、短　暫

　　家庭重建者模式通常檢視家庭只有 4 個星期，即使能夠展延期，但（最多只能達 8 個星期）也不常見，尤其是在 Bronx，那邊科層組織的運作比起西部慢很多，最好我們採取短時間策略的地方，因為危機處遇理論者（Parad，1965）相信他們呈現的危機與機會通常持續期間不會超過 6 個星期。

　　對許多人來說，4-8 週似乎是很短的時間。所以很多人會懷疑在一個月的時間內能有什麼改變，而案主也認為需要更多的時間，因為，如果處遇的時間長一些可以解決更多的家庭問題。有時候治療者也會希望讓他們有更多的時間與案主相處。長期的處遇更有可能讓案主與他們所期待的社會資源相連結。

　　然而，為什麼我們以 4 個星期作為目標呢？因為經驗顯示，4 個星期的時間即可以避免寄養安置。家庭重建者模式與很多傳統的服務有很多的差異，這讓家庭重建者模式是有可能以更快的速度來改變個案家庭的行為，案主是處在危機中的，長期來說，問題的發生是連續不斷，所以只要有需要他們就希望與治療師會面，不要有期間的限制。因為每位社工人員承載的工作量低，對案主是有可能讓案主 4 週內獲得相同小時數的處遇，這也相當於在門診治療中 1 年所獲得的量。短時間的處遇與訓練可以以微波來作比喻，其結果可以和較長期的模式相比較。

　　積極、短期的處遇有很多的好處，主要的目的是希望能在

短時間內迅速產生行為的改變，家庭重建者模式治療師與案主家庭在第一次的家庭訪問中討論 4 週處遇的架構的時間安排，在處遇的期間還會持續不斷地去檢討它。對很多家庭來說，能夠在短時間內有所改變是令人非常驚訝的，而他們只是受到某些人對達成目標信念的堅持。這些期望似乎影響了案主與治療師，以致彼此更願意去「付出全部」。對很多案主來說，能立即見效讓他們更積極，知道問題應不會拖延至 1 個月或是 1 年。這讓案主願意付出更多的努力。

短暫的時間架構也有助於保持治療師與案主的注意力在特定的目標上，以及關注處遇是否可以運作，此外，當他們知道明確的時間限制，會讓他們盡可能的善用時間，配合他們的治療師，再不斷的評估各種方案的可行性與優先順序，這些評估的過程對個案家庭是一個重要的技巧，而且我們希望他們能夠長期使用這種技巧，至少在我們離開之後，他們還會使用。

在 4 週後，許多的案主到達高峰期，而且已經準備從改變他們生活的困難工作中突破。超過 4 個星期的干預介入，對工作人員而言，要在維持相同的積極程度是更加困難。通常，危機是發生在一個月內，一旦過去，將失去許多處理危機的動機，目標也不容易有進步，因此超過這個時點所推動的任何努力可能會產生反效果，因為就如持續節食減肥成功的人一旦穿上了 12 號的衣服就沒有人會對 8 號或 10 號的衣服有興趣了。

此外，我們發現改變家庭外寄養安置的成功比例，與處遇期間的長短無關，在家庭重建者模式實施了幾年後，我們嘗試給予不同長度的處遇，我們以 8 週、6 週和 4 週的處遇做實驗，並將其維持在同一的目標與強度上，從平均 8 週以至 4 週的處遇排列，不會因為服務了更多案主的壓力，而讓成功的比例產

生差異。在家庭重建者模式中非正式的資料指出，假若家庭沒有從 4 至 8 週的處遇中獲利，他們的處境也不可能這在那個時間之後有確實的改變，而當我們將個案進行的時間再拉長，成功的比例亦明顯地下降。

對於機構來說，時間的限制有助於我們降低成本，以便服務更多的案主，並且讓治療師在同一時間維持較少的個案量。長期的處遇費用更多（除非我們也增加個案量），所增加的費用或處遇的期間，很難從避免寄養安置的基金中找到資金的來源，以記錄指出，在 4 至 6 週的服務中，是有可能避免安置。此外，短期的處遇讓工作人員不致於耗盡精力，以及在有限的時間壓力下，也會期望工作人員也會能夠處理所有相關的問是。

即使我們建議以 4 週作為處遇期的目標，但是這個目標只能作為一個原則，而不是不能變通的。也就是說雖然大部的案子可以在 4 週處遇結束，但是有時候有些家庭可能需要更多的時間，而有些則不需要用到 4 週的時間。所以最重要的目標是在於藉由協助家庭學習處理他們自己的問題方式來避免產生家庭外寄養安置，而時間目標只是次要的。

八、有限的目標

我們對短期的處遇滿意與否與我們方案的目標有很大的關聯，在 4 週結束時，很少案主感覺到他們已經完成他們可以做的事，治療師覺得到他們提供了全部他們可以提供的事，通常會有一些未完成的事物有待完成。而多數的家庭會變得更好，但是有一些家庭需要一些時間來處理他們情緒的問題，也就是說他們的房子並不總是乾淨，孩子並不是每天都去上學。

我們的目標並不是製造完美無暇的家庭。換個角度來說，我們不要知道完美無暇的家庭看起來像什麼，假若我們服務的目標是盡可能的幫助個案家庭，因此，我們的工作就盡可能的改變他們，那麼就不應該對時數有所限制，在我的經驗中，沒有人可以真正完成成長與學習。

假若我們的目標是要避免家庭外的寄養安置，所需要的小時數，就只要能夠解決立即的危機以及教導案主例行技巧而不需要積極的去協助維持家庭。在家庭重建者的模式中，方案目標是有限制的：避免家庭外寄養安置的需求，以及教導維繫家庭在一起生活的必要基本技巧是我們的主要目標。在一些個案中，家庭不斷的需要服務，而我們能夠做的只是幫助他們維持功能的層次，這將讓他們比接受傳統的服務獲益更多。舉例來說，多數家庭告訴我們，他們沒有辦法在其他諮商輔導機構中獲得每週的約定的成效，因為他們情緒太混亂、太生氣、太沮喪以致無法成功。但是在家庭重建者模式處遇的末期，案主知道自己還需要什麼樣的協助，因為他們已經有及時得到治療師幫助的經驗，隨著治療師服務的展開，他們通常會變，而且有更多精力去約定。

我們也相信一些案主面對的狀況無論治療論時間長短，並非是不能解決的問題，而是要忍受不完整的結果，舉例來說，婦女註定坐在輪椅上，有困難地來扶養 2 個年幼的孩子，親子的技巧需要被幫助，與社會支持，但是進展將會很粗糙。相似地，海軍軍人的妻子大部份會感到寂寞、害怕、厭世有時候還會與 5 個小孩離家出走，她能學習減少所受到的痛苦，也能結交到新的朋友，並且和孩子發展更多正面的友誼，但是她將繼續寂寞下去，而且在她的生活中仍存有很大的落差。在 Bronx，

有很多家庭生活在危險的環境中，包括危險的住宅與毒品充斥的社區，他們學習到如何更有效的與房東打交道，他們學得晚上不待在街上，並教導兒童說「不」的自我肯定技術。他們也學會了控制情緒來排解壓力，但是生活仍是困難的。所有家庭成員將持續住在我們無法想像的危險環境中，生命帶給某些人有些挑戰，有些負擔，像是家庭重建者模式的社會服務也不需要將所有的事情處理到盡善盡美。

九、員　工

我們相信最有效，成本最節省，以及最小的組織是每個個案使用但以整個團隊作為他的支援。每一個治療師負責引導每一個案主進行完全的處遇，但是治療師的背後有更大的團隊來支持他。

使用 2 個治療師團隊——個是專業的，另外一個是半專業的—時機是非常明顯的，尤其是當你考慮服務的嚴重性，治療師 24 小時的可接近性，案主家庭人口數的問題，以及強調責任的歸屬問題時。2 個治療師的團隊可以提高進入家庭中的安全地，特別是在都會區域。以小組方式來進行輔導，對某些關心發展個人意願，或是要提供更廣泛軟硬體服務的團隊而言是很好的方式。

如同一般的規則，2 個人是勝過 1 個人，而且 2 個觀察者是勝過 1 個觀察者，所以許多治療師初步相信他們喜歡工作在團隊中。我們感覺使用 2 個治療師，可以減少對處遇必要的總週數，因為 2 個人可以分別工作在家庭中，此外，2 個治療師可以分擔呼叫的工作，而 2 個人的溝通模式可以成為家庭解決問題模範。

然而，也有一些強而有力的論點必須使用有團隊在背後支援的單一的治療師，家庭維繫服務的目標在於對每個家庭，發展沒有損失的共識計畫，假若一個人要負責全部的家庭成員，他會綜合各方，盡可能的瞭解所有家庭成員的動機，假若不同家庭成員指派不同的社工人員，有時候治療師會趨向服務他們特定的案主，而不是整個家庭。

　　比起 2 個人來說，家庭成員比較容易對 1 個人產生信任感與建立關係。我們很難去與陌生人談論你的缺點以及感覺對他說明你所受到的傷害，以及不知所措的情形，我們認為對 2 個人開放心胸暢言比 1 個人要難上一倍。所以對很多案主來說，同時間 2 個治療師是不太可能的。很多家庭的問題之一是有很多不同的社工人員引導他們到不同的方向，例如某個社工人員認為母親需要更加的堅決；其他的社工人員認為她需要更被瞭解。減少像這樣的壓力與迷惑是有助於處遇的進行。

　　使用團隊必須有更多的計畫、諮詢以及記錄資訊的時間，否則這也讓資訊在 2 個團體成員間就會輕易地喪失，而且沒有確實的遠景，自發性的處遇變得更加的困難；即辨視並利用機會教育。通常治療師回應立即的狀況時，並沒有時間與其他人的有計畫或是協調的時間。此外，團隊社工人員意見不一致也是常見的，組員之間的控管問題就成了很大的議題。這對處遇而言是很大的衝擊。而在危機發生時，應該或可以呼叫誰讓家庭成員感到困擾。對合作共同的治療師而言，也是非常浪費時間的去諮商或是協調。

　　根據任務而區分處遇中的工作具有很多缺失，如使用專業化的治療以及半專業化提供具體的服務。經常地，提供具體協助的人與家庭間有親密的關係，這是由於花多數時間在其成員

上的結果。親密關係的結果不只是困難地對艱難服務的個人，去保持家庭成員談論「治療」的議題，也有可能對「治療者」去感到遺漏或是受到關係的阻礙。在泛專業化上也會感到沮喪，由於他們的付出少於專業化的團隊成員，儘管與家庭間他有可能完成或是完成更多。

　　使用團隊去檢視每個家庭會模糊了權宜性(accountability)。當事情進行得很好的時候，治療師通常不會感到很多的成就感，因為他們必須與另一個團隊成員分享榮譽。相較之下，當事情的運作不好時，很難去決定這個問題是屬於誰的職責，或是 2 個人之間的互動。

　　此外，特別是在開始處遇時，減少在現場「協助者」的數量是有幫助的。我們有參與了多達 15 個不同個案管理者的案主，每一個人要思考他/她正在負責。有時候藉由社會服務全體工作人員所獲得衝突訊息的數量，這本身也是主要的問題。我們想要去幫助減少困擾與斷裂，而非去增加。

　　在團隊中社工人員通常感到較安全，但是在一些情境中這應該是個例外。然而，有一些證據是當他們在團隊中進行——尤其是在晚上——2 個社工人員顯得對沮喪的案主有更多的威脅。舉例來說，在 Seattle 一組心理健康委員會官員，比起單一的社工人員更有可能受到案主的攻擊。

　　這模式的整個方面—對轉借的快速回應、晚上或是週末期間社工人員在家的可接近性、給家庭可行的時間、服務的地點、工作人員的型式、低的個案工作量，以及服務的短暫期間——這產生了更多有力的處遇，是勝過於只使用一、兩個的組成要素。我們若喜歡大個案工作量，這是不可能有積極性與彈性。假若處遇轉折成為更長的時期，這是不可能維持焦點、對危機

的回應以及可接近性。我們呼籲其他考慮替代家庭重建者模式者，假若他們遭遇困難的時候，試著去對他們的社區做整體的包裝。假若他們消減任何一個觀點，諸如短時期的架構或是低個案工作量，除非要嘗試整個模式，不然他們會有可能減少全面干預介入的力量，更勝於實現。

我們相信多數的家庭該受到強大、有效的支持，以企圖去學習在兒童被安置在家庭外之前，其處理壓迫問題的方式。目前，方案策略的合併是我們看到最為有力的。

十、評　估

家庭重建者方案可以用很多不同的方式來評估。在這個點上，我們喜歡摘要許多評估的方法，以及不同研究的結果。每一種方法都有本身的限制，但是整體來說，我們相信他們提供了鼓舞的證據，以致我們避免寄養安置，而且幫助家庭學習去解決一些他們所呈現的問題。

方案的能力能實際地避免寄養安置是一個最基本的議題之一。我們藉由電話、信件追蹤案主，以及 Washington 州社會與健康服務部（the Department of Social and Health Service）的電腦系統可以檢視他們是否已經安置。直到 1982 年，我們追蹤已經接案 3 個月的案主。儘管案主的人口是輕微地差異，平均 94%是避免了至少 3 個月家庭外的寄養安置。自從 1982 年，我們已經追蹤接案 1 年的案主。在這段期間，88%是避免了寄養安置。寄養安置是包括了州設立的寄養團體、精神醫療或是相關的照顧設施。我們無法計算兒童去和擴大家庭成員住在一起，或其他的父母或少於 2 個星期短暫照顧的安置處境。

一旦寄養安置的議題被表達，然後我們關心模式的有效花

費。我們想要知道家庭重建者模式的花費與其他家庭外寄養安置花費的比較。在 Washington 州，我們所獲得的訊息是從 Washington 州社會與健康服務部而來的，其不同於家庭外寄養安置的平均花費。我們採取每一時期的平均花費，及藉由平均持續的長度去得到每位案主平均的花費，並且去增加它。我們比較了這些花費到實際家庭重建者模式的花費上。假定全部的個案都已經被安置，家庭重建者模式的花費是＄31,646,857元，這是少於寄養安置的平均花費。這個訊息的摘要顯示在**表 3-3**。

這個訊息是震驚的。使用這些花費的差異，我們也能夠形成關於寄養安置數量的一些假設，這必須去改變以爲了證明方案的初步花費。舉例來說，假如平均團體照顧寄養安置的花費是＄22,373 元，而且它是每年花＄200,000 元去開始方案，只有 8.9 個寄養安置（200,000 除以 22,373）必須被改變，以爲了彌補方案的花費。

這些證據對立法委員與政策的決定者是有興趣的，但是他們也有一些限制。我們不確定知道，以致我們看到的案主已經被寄養安置。花費的比較是狹窄的，只包括了家庭重建者模式的花費與家庭外的寄養安置。在實際上，許多其他服務與資源已被使用。

我們已經引導 2 個研究，其設計用來檢視是否案主參考家庭重建者模式真的已是寄養安置的議題。首先，在 1976-1977 年，包含了過多的案主，其爲少年犯罪者，這是參考自 Pierce 郡的青少年法庭。在團體中，被家庭重建者所看到的 73%案主是沒有被安置。在沒有被家庭重建者模式所服務的案主中（因爲我們是飽和的），有 72%被安置。在第二個比較研究中是包含了過多心理健康的個案，這是參考自 Pierce 郡非志願委託的

表 3-3　在許多案主群體下家庭重建者模式的花費效益:1974-1986❶❷

案主團體類屬	服務數目	在結束後3個月的成功比例(%)❸	潛在安置	潛在安置的花費($)	Homebuilders模式的花費($)	在寄養安置與Homebuilders模式安置間的花費差異($)
家庭衝突	1,262	94	66%寄養照顧 32%團體照顧 2%精神醫療照顧	7,030,520 9,038,692 1,125,000	3,281,200	13,913,012
兒童虐待/忽視	1,198	95	88%寄養照顧 9%團體照顧 3%精神醫療照顧	7,574,044 2,416,284 1,620,000	3,114,800	8,495,528
犯罪	250	92	37%寄養照顧 63%團體照顧	784,920 3,512,561	650,000	3,647,481
兒童心理健康	123	83	13%寄養照顧 87%住院治療	135,040 3,068,546	319,800	2,883,786
兒童心理健康研究❹	25	83	100%長期精神醫療照顧	2,572,500	128,250	2,444,250
發展障礙	45	95	100%寄養照顧	379,800	117,000	262,800
總計	2,928	94		39,257,907	7,611,050	31,646,857

	平均停留長度(月)	平均每月花費($)	每位案主的總花費($)
Homebuilders 模式			2,600
寄養照顧：CDS	19.4	370	7,186
寄養照顧：FRS,DD,犯罪,心理健康	19.4	435	8,440
團體照顧	13	1,721	22,373
留院處遇	13	2,206	28,678
精神治療院所	4	11,250	45,000
長期心理治療	14	7,350	102,900

❶Homebuilders 家庭保護模式的有效花費是比較了家庭外寄養安置的平均花費來評估。Homebuilders 模式的平均花費是由服務全部案主之方案花費所獲得。寄養安置的花費來自於每日或每月平均停留長度的花費。寄養安置在 1986-1987 年的花費是根據 Washington 州社會與健康服務部的數據而來。

❷1982 年大部份的資料不可信，由於是在家庭機構的改變。

❸自從 1983 年，追蹤的資料是在接案後的 1 年。這些資料顯示了 88%比例的全面成功。

❹特別心理健康方案產生在 1979 年。

機構。在這個研究中，有 100%的比較個案與 20%被安置的處遇個案。

當然兒童是否得到安置只是我們關心的一部份。我們想要知道不只是兒童是否被寄養安置，而且要知道他和他的家庭如何運作。我們已經嘗試找出在家庭重建者模式的處遇後，他們是否真實的處境會更佳。我們最好去追蹤案主進步的方式之一乃是目標獲得量表（goal attainment scaling），那是我們保持記錄系統的基礎。設立在每個家庭 2-4 個目標，以及每週評價與進步情形。假若進步沒有發生，那麼處遇的計畫會改變。

我們也使用一些對案主功能較爲正式的測量。在 1980 年心理健康的研究中，我們發現在一般評估量表(Global Assessment Scale)與兒童檢核表(Child Behavior Checklist)上有所改善。

這些方法的一個限制爲他們包含了關於行爲的言詞性報告，而不是行爲的真實觀察。這也有可能是退化的現象。因爲所有我們協助的案主是在危機中，這合理的相信在過了時間沒有處遇下的一些測量是有所改善。

我們也強烈地依賴案主的回饋，以作爲評估我們處遇有效性的工具，以及我們實際上目標符合的等級。我們固定地接觸案主，在接案的 3 個月和 12 個月。一年來案主回饋資訊的摘要表顯示在**表 3-4**。

在一些先前提到的心理健康研究中，我們也獲得父母考慮改善所呈現問題行爲的比例。這些報告的摘要顯示在**表 3-5**。

在一個委託對兒童、青少年與家庭的研究中，案主母親、兒童與治療師在第一次會談後的 24 小時內被訪問，以決定這個事件是否有無幫助，有幫助／無幫助的等級，對事件歸因的

表 3-4　1985 年 Homebuilders 模式之案主回饋調查：King, Pierce, Snohomish 與 Spokane 郡

1. 你認為這個結果是對你現在的家庭是最好的？
   a.孩子住在家中的家庭

是	204	（85%）
否	21	（8%）
不確定	16	（7%）

   b.孩子住在家庭外的家庭

是	13	（59%）
否	5	（23%）
不確定	4	（18%）

2. 家庭重建者模式對你的家庭是否有無幫助？

5 非常有幫助	190	（67%）
4	58	（20%）
3	25	（9%）
2	5	（2%）
1 沒有幫助	4	（1%）
0	2	（1%）

3. 你發現家庭重建者模式比較其他的諮商是否有更多的幫助？

更有幫助	151	（87%）
普通	8	（8%）
少有幫助	3	（3%）

4. 先前你所進行的諮商如何有幫助？

5 非常有幫助	27	（27%）
4	8	（8%）
3	16	（16%）
2	19	（19%）
1 沒有幫助	28	（28%）
0	3	（2%）

5. 你會推薦家庭重建者模式給你相似處境的家庭？

是	263	（97%）
否	5	（20%）
不確定	3	（1%）

6. 你的治療師到家中晤談是否有所幫助？

是	269	（98%）
否	5	（1.5%）
不確定	1	（.5%）

7. 你是否感覺到你的治療師真的關心你的家庭？

是	202	（99%）
否		
不確定	2	（1%）

8. 你認為治療師與你約定的時間表，對你而言經常是最方便的時間？

是	274	（99%）
否	1	（.5%）
不確定	1	（.5%）

9. 你感覺到治療師真的傾聽與了解你的處境？

是	269	（97%）
否	7	（2%）
不確定	2	（1%）

10.當你真的需要治療師的時候，他是否有時間？

是	272	（99%）
否	2	（1%）
不確定		

11.每次的晤談治療師都是準時的嗎？

是	180	（97%）
否	5	（3%）
不確定		

12.你的治療師是否袖手旁觀？

是	11	（5%）
否	225	（94%）
不確定	3	（1%）

責任，以及全部與個案最終報告的相關。已受過訓練者有能力去有效地指派 1120 個批判的事件到 8 個主題的類屬中。在這個研究中最重要的發現是有助於去改變寄養安置具體服務構想的重要性。

　　案主回饋測量的限制為案主要告訴我們，什麼是他們想像我們想要聽的事情。此外，他們的評論無法連結至問題行為的真實改變上。

　　家庭重建者模式已由很多外在的審核者與評估者進行正式與非正式的評估，包括了美國犯罪司法機構（the American Criminal Justice Institute），Washington 州議會（the Washington

表 3-5 在家庭重建者模式之心理健康研究—家長與治療師對問題改善的比例

問題	對問題個案接案的數量	家長/治療師對情況的反應比（%）		
		變差	相同	變好
不適應	5			100
妄想症	3			100
幻想	2			100
不當情緒	8			100
攻擊別人	13			92
社會孤立	9		44	56
缺乏合作	11		10	90
缺乏動機	7			100
不獨立	12			100
沮喪	16	6	6	88
高自殺	8			100
濫用藥物	6	16.5	16.5	67
酗酒	6		75	25
學習障礙	4		75	25
性別攻擊別人	1			100
精神異常	1			100
情緒異常	5			100
失學	10		30	70
焦慮	17	6	18	76
藥物問題	2		100	
生氣問題	17	6		94
睡眠困擾	3		33	67
過動	7		14	86
判斷力差	15		20	80
溝通力差	13		15	85
習慣固執	2			100
語言能力低	2		100	
犯罪行為	8	12	25	63

（續）表 3-5　在家庭重建者模式之心理健康研究─家長與治療師對問題改善的比例

問題	對問題個案接案的數量	家長/治療師對情況的反應比（%）		
		變差	相同	變好
貧困刺激的控制	12		25	75
精神身體疾病	3		33	67
恐懼症	7			100
同儕問題	11		36	64
心理障礙	1		100	
對財產的攻擊	9		22	78
總計		1.5	17	81.5

State Legislature），Washington 州社會與健康服務部（the Washington State Department of Social and Health Service），Washington 州研究與評估處（the Washington State Office of Research and Evaluation），以及國家心理健康機構（the National Institute of Mental Health）。外在的審核者與評估者也有所限制。他們通常開始於關注目標所獲得的比例與花費，但是在記錄中他們是較接近於案主的故事，而且假若他們與案主交談之後，他們會快速地轉折至關心什麼是真實發生在家庭生活中。來自比較的客觀性建立了主觀的項目。

最近，我們完成了由健康與人群服務部（The Department of Health and Human Service）所支持的研究，去評估與比較在 Washington 州中的家庭重建者方案與 Utah 州的家庭保護計畫。研究的結果證實了在父母與兒童功能上的重要改變，以及超越處遇課程的社會支持。

然而，如同我們先前已經提到的，一些方案效度的最重要測量為真實地與 1 或 2 個個案發生的個人記述。以致最後，我們呈現了 2 個個案的摘要。

Clark 家庭：兒童虐待

Clark 家庭被公共衛生護士[1]作為家庭重建者模式的參考。護士要求家庭重建者模式的處遇，符合從醫院中釋放女嬰。這個嬰兒為早產兒，而且已經在醫院花上她生命中第一個的 3 個月。

護士要求積極性服務，因為她們關心家庭的處境。最近 Clark 家中 3 歲大的兒子已被診斷出是過動兒，而且有一些腦部的傷害。兒童保護服務與護士也詢問了這個男孩在過去的 1 年中所帶來的 3 個衝擊，護士與 CPS 確定，除非是家庭重建者模式可以檢視家庭，不然小孩會被安置在寄養照顧中。

護士與父母討論她的關心，以及他們同意允許家庭重建者模式的治療師進入他們的家庭。家庭沒有電話，故治療師因為沒有告知而進行拜訪。Clark 太太這個時候在家，故治療師要求她是否可讓她停留一下並要交談。

在坐下後，治療師第一個注意到的事為瓦斯味從火爐中漏出來。Clark 太太說她想她已經聞到了瓦斯，但是她無法走到公共電話去呼叫她的房東。家庭的小兒科醫生已經命令她去安裝電話，因為是孩子不確定的狀況，但是自從她的丈夫沒有規

---

[1]目前全部參考方案是透過社會與健康服務部的途徑。

律的工作後，他們沒有辦法負擔安裝的費用。

治療師建議 Clark 太太與孩子的穿著要暖和一點，打開窗戶而把火爐關小。當她這樣做的時候，治療師去公共電話並告訴房東派遣修補的工人。

當治療師回來的時候，Clark 太太談到她的處境。她說自從嬰兒出生，她非常地難過，而且她經常感到孩子不屬於她。她也格外地對她的兒子「野蠻」（wild）的行為不高興。她懷疑是否孩子的身上有像他在獄中叔叔一樣的壞種（bad seed）。她也開始想應該殺了他，而不是看著他成長變成謀殺犯，就像他叔叔一樣。

Clark 太太非常地瘦、蒼白而且虛弱。她有慢性的感冒，而且由於健康差，以致失去了前面的牙齒。她現在 22 歲，她有 3 個孩子，而且在 5 年的婚姻中有 4 次失敗的經驗。她也說她非常地寂寞。她的先生通常早出晚歸。他的工作為保險的業務員，但是在 5 個月中沒有賣出任何一張保單。婦人告訴治療師，其他的諮商員已經告訴她，她的先生「不可靠」（rotten），並且她應該離開他。她說她愛他，而且他沒有打她。數個月前，家從 Idaho 搬至 Washington，以致於他們仍然維持婚姻，因為是得到了州政府的補助。最近他們也獲得從 WIN 方案中的經費。

隔一天，治療師接洽了地方慈善組織，並且得到了需要安裝電話的 25 美元。她也得到 2 件舊的床單，能夠釘牢做為窗簾，因為 Clark 太太已達害怕晚上一個人坐在家中，而沒有窗簾作為隱私。她已經告訴了治療師最近的一個晚上，有陌生的男人在窗戶旁凝視著她。她已經在此之前被強暴過，而且害怕再度發生。

在下次家庭訪問的期間，他們關注於 3 歲大的兒子。Clark 太太說她並不愛他，而且描述了很多他所從事的自我破壞與野蠻的行為。她報告一些偶發事件，諸如他從傢俱往後跳，觸碰熱火爐並傻笑，把爐子關小，把他的頭猛擊牆壁直到昏倒，打、抓癢以及攻擊其他人。儘管他 3 歲，他無法開始說話。她關心兒童保護服務機構會認為她虐待孩子，因為他自己傷害得很嚴重，而且因為他們晚上將他鎖在他自己的房間中。Clark 家庭這麼做，因為男孩最多只睡 2 或 3 個小時，而且假若他沒有被鎖在他的房間中，他會跑進去廚房並吃到嘔吐為止。她說 CPS 想應該把他送到機構去，因為她沒有辦法控制他。他沒有辦法親吻或對人展示任何的情緒。她說她已經從家中移走，藉由在幾年前 Idaho 的兒童保護服務，因為她有「緊張的崩潰」（a nervous breakdown），而且是住院了。因為搬去 Tacoma，父母已準備好志願安置男孩 72 小時，因為母親感到她再也無法處理他。她經常害怕傷害他，因為有時候他使她很生氣。

那天要離開前，Clark 太太與治療師訂立了一些她能夠做的清單，假若她覺得她兒子的行為太壞，以致她想要再次地安置他。家庭重建者模式讓她知道，有時候把他鎖在房間內是個好的想法，並解釋了這是一種暫時休息的方法。這個清單也包括了呼叫家庭重建者（家庭的電話在隔一天就被安置了）。然後，她們約定帶兒子去 Mary Bridge 兒童醫療學習中心（Mary Bridge Children's Hospital Learning Center）去看有關登記他在特定學校的方案。最後，治療師告訴母親有關對自己製造一些自由的時間，而且在那次後志願地擔任褓姆數個小時。Clark 太太接受了那個建議。

那週後，當 Clark 太太去擔任褓姆時，家庭重建者工作人

員和孩子單獨地相處 5 個小時。她學到了很多關於那個年輕男孩。她從 Clark 太太所報告的一些行為中觀察他。然而，那天的結束，她決定了他正向回應增加以及暫時的休息。在下午的時間，她教他玩親親的遊戲。那天所蒐集到的資料是無價之寶。這對治療師與母親證明了小男孩是可以改變，而且他的確會關心人。在他們第一次玩親親的遊戲中，他的母親感動落淚。

在第二週的處遇中，Clark 太太自由地談到她不滿意她的婚姻。她談到她知道她的丈夫，沒有真正的作用，幾乎全部的時間他都外出。她表達對事實的憤怒，如他穿得很好，她卻只有一件套裝，而他可以自由地玩上整天，她卻被限制坐在他們的公寓中，他無法讓她得到駕照，但他卻可以開車。感覺到她已經達到可以教導的時機，家庭重建者模式開始討論管轄與改變的訓練。家庭重建者模式也向婦女 DHS 社會福利機構求援，並且讓 Clark 太太去修復她的牙齒。

Clark 太太開始對所發生的事情產生好奇。一天她先生待在家中，被治療師遇見了。當他的太太在牙科診所時，他和家庭重建者工作人員花了數個小時在談論。他必須成為福利依賴者的挫折。家庭重建者工作人員告訴他，她想要他成為諮商過程的一部份，而且他同意參加下次的會談。在他們的討論後，他似乎更有意願去參與。

在最後一週的處遇中，治療師主要是關注於教導父母一些行為上兒童管理的技巧。兒子開始上 Mary Bridge 學校方案，而且 Clark 太太每天和他一起搭乘巴士。家庭重建者工作人員高興看到如此，如同給母親一個機會去看老師，而且與這裡的工作人員結交朋友。Clark 太太報告有關她兒子正面的感覺，而且不再覺得要送他走。她開始對她自己更滿意。牙齒補好了，

更加有笑容。她的體重也開始增加。

在最後一次的處遇中，治療師與 Clark 太太探索了她能夠持續諮商的方式。她決定她想要到心理健康中心看諮商員。在孩子出生的夏天後，她看過諮商員多次，並且她能夠信任她。她和諮商員有所約定。

在與家庭的最後一週，治療師協助 Clark 家庭搬去臨近社區較好的公寓，那裡他們感到安全。在他們搬過去之後，他們才知道兒子不能再到 Mary Bridge 上課了。Clark 太太變得非常不高興，但是迅速地逐漸減少，並且開始去解決問題。她與在 Mary Bridge 的諮商員交談，並且接受了他們的建議，讓孩子能夠轉學至兒童研究與處遇中心的日間托育方案。雖然中心目前沒有空缺，但他可以排至等待的清單上。

在數個月後，雖然由於家庭重建者模式的離開而發生了許多令人沮喪的事情，但是他們仍像一家人生活在一起。Clark 太太去看諮商員，以及持續在更多改變的工作上。她和她的丈夫也去看婚姻諮商。Clark 先生已離開了保險公司，而且也投入了工作訓練方案。兒子也上新的學校，而母親參與學校所要求父母親的教育方案。Clark 家庭開始報告他們的兒子開始說話，而且不再視爲是「野蠻」，而女嬰兒也做得很好。

家庭重建者模式對 Clark 家庭干預介入的總花費爲＄2,937元。假若母親被安置在精神醫院，住院的花費要＄5,926 元。假若 2 個孩子被帶至兒童保護服務寄養安置的費用要每人＄15,000 元或＄7,500 元。總共的花費是＄20,926 元。

Gary：心理健康

　　這個方案是由志願委託機構去參考家庭重建者模式。有許多主要的問題地區。Gary,15 歲大的男孩,有嚴重的行為問題,以及被懷疑有精神病或是嚴重的人格異常。

　　Gary 每天都會有暴力脾氣的發作;他會尖叫、猥褻或是在地上啜泣說:他會被殺,或是他要殺某人。Gary 在父母房子的牆和門上打洞。他曾經把他臥房的家具打成碎片。而他有一位 12 歲的妹妹,曾經動過脊髓手術。他會當面辱罵她、踢她。曾經有一次褓姆把自己鎖在父母的房間內,這是當與 Gary 打架的時候,他拿了玩具子彈槍掃射門。

　　當治療師去到家的時候,這證明了家庭是暴力的,不只是這個男孩而已。在 Gary 和他的繼父相互有所爭執時,以及從車中驅趕他,或是把他的腿綁在車子的保險桿上,並威脅他去停止。繼父說:「假若這不變得更好,我將殺了他或是自己。」在其他的時間,繼父用木片攻擊 Gary,而且用他的指甲抓 Gary 的臉。母親也責罵 Gary。

　　許多的爭吵,中心都是圍繞 Gary 而不是進行瑣事,甚至是他整天在家。他被學校開除了。老師說:「每一個人都討厭他,你不能夠去相信他一會兒,唯一他感受到的情緒就是生氣。」父母的關係是緊張的,由於是家庭的問題;繼父在過去的 6 個月中離家出走了 2 次。父母告訴治療者,離婚似乎是立即的。

　　治療師花許多的時間只進行傾聽,以為了讓每個人完全地

瞭解到問題的視野。全部表達的痛苦將解除，以及全部表達有興趣學習不同處理的方式。母親第一次去做重要的改變：她學習主動去傾聽，以致 Gary 開始對她吼叫時，而沒有吼叫回去，她能夠幫助他平靜下來。這個結果以致情緒問題快速地減少，男孩也開始去注意什麼是引起他的生氣的原因。他開始學習理情治療，以去告訴自己平靜的陳述。繼父也開始運作其他的方式表達他的挫折。當他們挫折與生氣時，全部的家庭成員學習去理解，在處境得到控制前，開始去建構「我的訊息」來進行溝通。

繼父開始對男孩留下瑣事的清單，讓他每天去做。Gary 的零用錢是附帶於任務的完成。學校沒有意願給 Gary 其他的機會，以致治療師安排家庭教師到家庭中。

在 5 週結束中，有 2 個主要的發現：Gary 做了 80%的瑣事。他的作品幾乎得到 A 的等級。他母親說：「我不感到任何的害怕。」在一次偶然治療師提供兒童照顧，以致父母能有短暫的假期，在那裡他們重溫了婚姻的承諾。Gary 與他繼父的關係仍然緊張。自從家庭搬去那個偏遠的地區，而且對他們很難去獲得寄養安置之正在進行的服務，家庭決定他們每週持續與家庭重建者治療師會談，而不是額外的密集服務。

2 年後，治療師偶然遇到男孩在州的展示會中。他仍住在家中。家庭外的安置不在是個選擇。家庭重建者模式的花費為 $ 4,200 元。至於住院會花 Washington 州超過 $ 36,000 元。

參考書目

Child Welfare League of America (1973). *Standards for child protective service* (revised edition). Washington, DC: Author.

MacGregor, R., Ritchie, A. M., Serrano, A. C., and Schuster, F. P., Jr. (1964). *Multiple impact therapy with families.* New York: McGraw-Hill.

Parad, H. J. (1965). *Crisis intervention.* New York: Family Services Association of America.

第四章
家庭本位的服務與
公共政策：脈絡與意涵

Brenda G. McGowan

導　論

　　目前在家庭維繫服務的趨勢中有很多複雜的模式，其中之一爲「家庭重建者」(Homebuilders)模式，以往對於危機家庭和處於危機中的兒童，在我們的政策體制中只有字面性、象徵性的說明，其論點的意義並不明確，且相互矛盾。美國的社會福利系統正在呈現它的哲學和經營模式，所以現在的方案名稱也將會有許多價值的具體表現。

　　由報告顯示：一個極佳的方案應該是密集且積極的、短程的，對於危機狀況的干預服務，其目的在於保護不必要的家庭外兒童安置和教導家庭「寧可自己去處理他們自己的問題，也不要繼續依賴州政府在事情變得夠糟時再來救他們」（Kinney etal.,參考本書第三章）。小心地導引家庭不要因爲沒有外來的協助就保持原狀，而家庭重建者模式是有效的花費、現在專家使用的干預技術以及強調核心家庭自主、獨立、樂觀、實用主義以及努力工作的概念。

　　在目前兒童福利的趨勢中，有上述的特色，才能清楚地促成成功的方案。然而，許多因素也會導致計畫的成功—更嚴謹地定義標的人口、危機導向、需求的殘補性定義、限制服務的對象以及對家庭自主與獨立的高評價—從家庭與兒童處於危機的總人口數之觀點檢視，便可以反映出政策是具有反功能性的。諸如家庭重建者模式的家庭維繫服務，這些相當出色的方案證實了過去的失敗，以及目前的社會政策以確保制度性支持的法令，以要求父母去符合兒童發展的需求。

以家庭重建者模式作為例，本章將會檢視在家庭和兒童服務領域中，政策與實務兩者間的交互作用與影響。歷史的改變與影響導致了目前的服務輸送系統，將在第一個部份被描述。接下來將討論兒童與家庭服務目前的政策架構。繼續是政策的兩難，會被分析在第三個部份；最後一個部份將檢視家庭維繫的試驗中，教育和政策的意涵。

公共政策的歷史變遷

在美國早期是沒有明確與兒童福利相關聯的公共政策。兒童被視為父母的財產並沒有特別的權利。凡是超過嬰兒時期的孩子就被定義為一種經濟資源，並且在非常年輕的時候就被期待幫助家務與農場的勞動。為了兒童的福利，國家干預介入家庭生活的想法並沒有被考慮。只有少數為孤兒的私人機構在殖民時期被建立，但是大部份的孤兒是由非正式的親戚或是鄰居照顧，而且期待像出生在家庭的孩子一樣具有相同的經濟功能。

只有少數的兒童團體要求社會當局能夠特別注意低收入戶的兒童。這些在安置的公共救助上仍是一個貧乏的系統，因為這些寄養安置家庭被稱為「門外的救援」。因為害怕這些孩子從他們父母那邊習得「壞習慣」，於是訂立契約經常將孩子送出家庭以外，或是安置在公共的濟貧院中。沒有半點努力來提供貧窮兒童與父母的家內服務。此外，只有一點給予社區權利的想法，以干預介入類似的狀況。這是簡單地假設貧民是社會上無可救藥的人，喪失了對他們孩子計畫的權利。

對兒童需求照顧的放任主義模式(laissez faire pattern)是在 19 世紀間激烈地改變，在那個時候有許多的社會秩序發生了轉變。經濟向外擴展導致「中產」階級(bourgeois class)的產生，在其中婦女與兒童的勞動力並沒有在家庭中要求，並且影響公民有時間和資源去關注兒童需求的發展。在西元 1800-1810 年間，移民巨大波動下的結果增加了都市化，以及內戰與工業革命造成了美國經濟與社會上的毀壞，使得低收入的家庭開始面對新的冒險。大量的貧窮兒童單獨地在街道上，為生存而從事犯罪的行為。

許多新方案被設計以因應這些挑戰。社會規範第一個主要的轉變是在於大量志工的發展與公共機構設計用來照顧失依兒童以及孤兒。在這些機構中經重複的調查下，顯露出一些驚人的狀況，以致創造出所謂免費寄養家庭的照顧新取向。這個概念由 Charles Loring Brace 所提出，他在 1853 年於紐約建立了兒童援助社團（children's aid society）。這是從邪惡城市中解救兒童的一種方式，並給予他們適當的道德訓練與工作習慣，他供給設置在中西部郊區以及紐約的鄉下地區的「好基督徒之家」（good Christian homes），以照顧無家可歸與從街上帶回來的貧困孩子。

在平行但較晚的發展中，Martin Van Buren Van Arsdale 在 1883 年於 Illinois 州建立全州的志工機構--兒童家庭社會（The Children's Home Society），對於失依兒童提供了免費寄養家庭。這些努力獲得廣泛地回應，因此寄養家庭照顧的傳統也一直持續到今天。在 19 世紀末，東部的主要城市有兒童援助社會(Children's Aid Societies)，以及兒童家庭社會在 1916 年時，在 36 個中西部與南部的州被建立。兒童機構，尤其是那些組

織在宗教團體贊助下與爲黑人兒童的設計，在這個時間中持續地興起，因此，在兒童家庭以外安置地點的總數量急速地增加。

在 19 世紀後期，有關家庭與兒童服務法令的其他發展，它是直接關係到環繞著家庭維繫服務法令的政策議題。第一點是增加承認有犯罪行爲兒童的處遇是不同於成人，以及建立爲犯罪青少年的改革學校(reform schools)以及之後以社區爲基礎的試驗方案與青少年法庭。在這個時期，第二個主要是在 1877年慈善組織會社（Charity Organization Society）的創立，這個行動針對慈善的合理性以及提供個人的改革，藉由派友善的志願拜訪者到貧窮者的家庭中，提供父母角色模式的諮詢與服務。第一個系統性的努力提昇了家庭的福祉，藉由個人個案服務的規定提供了專業的社會工作與之後變成家庭服務機構的脈絡與模式。儘管在同時間發展的遷移家庭行動，同樣地去幫助塑造專業，這似乎是對早期家庭服務與兒童福利機構的結構與目標有所影響。

或許這個時期最重要的發展，是關於建立在早期社會中，受到殘酷行爲對待的兒童，給予保護的兒童服務。第一個機構是在 1874 年成立於紐約，而到 1900 年的時候，已經有 250 種各式各樣的機構。儘管這些社團所發表的活動建議，早期的領導者視父母被告是因沒有盡到保護兒童的主要功能，因此他們逐漸假定更大的責任。此外，爲了保護兒童福利的時候，已建立的制度產生了社會權利以及義務去干預介入家庭生活的認知。對危機家庭與兒童適當服務的爭論，其爭論的重心在於養育兒童最低可接受的標準。評論兒童權利的逐漸上升是關乎到父母的特權，Bremner（1971）提到：

為了保護孩子對抗父母的不當管教，州政府將更多、更有效地干預介入父母和孩子之間，州政府也迫使兒童同意行為和義務的公共規範。因此兒童不能逃避控制，反而他經歷家長部份的改變，那些無知、忽視與剝奪的父母，由在公共權威中假定公正與一致的處遇所取代。責任的轉變需要行政部門的經營以及調查、決定與指導之使其有判斷力的技巧。

因此可知，儘管在一個世紀的轉換時，家庭與兒童可行的服務是相當的原始與貧乏，但是服務規定的主要模式已經被建立。此外，發生在近幾年的政策和方案上的改變可劃分爲幾個階段。第一，在 20 世紀的前 50 年，證實了家庭與兒童服務逐漸的專業化、科層化以及特定化。在型式與領域上，公共與志願機構有所擴展，志工取代了特定訓練給與給付的員工、專業教育符合案主心理健康的需求、以及國家開始假定增加服務輸送、經濟供給以及特定服務的責任。儘管全部的活動，直到過去的 20 年，在服務的目標與協助型式的類型上才有少數的改變。

然而，許多在聯邦層次上的倡導，以致在近幾年來在服務輸送體系上有重要的衝擊。首先白宮兒童會議（White House Conference on Children）在 1909 年被提出來，以考慮照顧失依兒童的法令。這個會議的代表支持維持兒童盡可能在他們家庭的原則，以及不要剝奪他們的家庭生活，「除了是緊急或是迫不得已的理由外」（Bremner,1971,p.35）。儘管代表表達了對民間慈善的偏好猶勝於公共的救助，主要的努力，其結果指出母親年金（mother's pension）法律的通過，而政府提供公共救

助給那些沒有收入的父母，以使得他們能夠把他們的孩子留在家中。

　　儘管 Mary Richmond，Edward Devine 以及一些早期專業社會工作領導者直接的反對（Abbott,1938），但是在 1935 年時，除了 2 個州以外，全國的州政府皆通過這個法律。此外，共識逐漸產生在關於維持兒童在自己家中之重要性的兒童福利專業教育中。在 1923 年紐約的兒童援助社團的報告手冊中，反映了這個觀點（Thurston,1930,p138）：

> 　　在部份的社工員上，這是已建立的良好信念，沒有兒童可以從原生父母處被帶走，直到可能的每件事被完成，以建立家庭成為美國家庭應該的那樣子。甚至在兒童被帶走後，每一項努力應該持續以復原家庭，以及當成功是在某個努力之上，那麼兒童應該返回。換句話說，每一個社會的行動應該是個「家庭的重建者」(homebuilder)，而非「家庭的破壞者」(home breaker)。

　　這個陳述明顯地提供了對今日家庭保護運動的座右銘。但是正是花了 50 年所建立的家庭重建者方案，其力量是大於反對這個取向者。

　　除此之外，主要由聯邦首創的是在 1912 年所設置的「美國兒童局」(the United States Children's Burrean)，顯示了聯邦政府對於失依兒童的責任，並對兒童局給予命令，在全部階級的群體中，附屬於兒童福利與兒童生活的全部狀況進行調查與報告……以建議公共的責任去監督兒童的福址，而不是對社區少數的幾個問題……在 1921 年後，Sheppard-Towner 法案給予兒童局責任來執行管理母親與兒童的健康照顧，因此建立了父

母與兒童的直接服務的聯邦模式。這是再一次說明了與起初的想法並沒有衝突。在 Sheppard-Towner 法案中，從被提出來就是一直被受矚目的，直到 1929 年才承認其過失。在兒童局的領導者中，反對此方案者以社會主義知識的陳述來辯護證明（Bremner,1971:1010-1025）。

20 世紀早期的其他發展是服務輸送的重要分支，今日通過了 1935 年社會安全法案的第 4、5 條。第 4 條是對於失依兒童的救助，也就是現在的「失依兒童的家庭扶助」(AFDC)，提供了聯邦的基金給予有失依兒童的家庭；而第 5 條為兒童福利服務的第二部份，後來包括在第 4-B 條中，提供聯邦的基金去發展兒童福利服務，尤其是在鄉村地區，以及強化管理這些州政府的角色。儘管在早期很少，甚至沒有優先於此法律前的協調計畫，但是在 1935 年，全部之中只有一個州提出了兒童福利服務的協調輸送計畫（Bremner,1971）。

這些方案其經費不足，並且遭受到許多執行上的問題，但是創造了今日聯邦兒童福利政策的架構。作者在先前所評論的，「失依兒童的家庭扶助」是比起其他的社會方案，能夠使兒童在危機的安置中，仍可以留在自己的家中的貢獻是無庸置移的（McGowan,1983:69）。在目前關於家庭保護服務的潛能與限制的討論中，這個課題是不能被忽略的。第 4-B 條快速地表露出有限的聯邦基金之使用來塑造這種大量金額消耗在州與地方的方式，因此提供了影響改變服務輸送類型的模式。此法允許了第 4-B 條的基金，用以擴展和修正的形式，持續了今天公共兒童福利支出的關鍵因素。

儘管這些聯邦的原始計畫持續在州擴展，以及使得服務制度化，並增加了專業的員工，但沒有進行系統的努力，直到過

去的 20 年在第一次白宮兒童會議才引導出執行家庭保護的概念。在 1960~1970 年的初期，兒童福利的領域是小的、相對是封閉的、殘補式的服務系統導向，在家庭外進行兒童直接照顧。兒童福利服務很少整合志願家庭服務，以及沒有類似的公共家庭服務，其品質與適用範圍是參差不齊的，在一些志願性機構提供積極性、高品質、特定的服務給予兒童選擇性的團體，當公共機構和一家志願性的機構提供最小的照顧與保障大量的貧民時，經常是少數的兒童。領養對定義為對健康白人嬰兒的選擇，但是對於父母無法提供的其他小孩，允許在寄養照顧中成長。

　　對於此最先主要的批評是相對孤立、自我生存的服務系統在 1959 年在兒童對父母需求（children in need of parents）中呈現在 Mass 和 Engler 的寄養照顧中流浪兒童的研究。額外的挑戰藉著社會改變的努力所提出，如專業改革的想法以及 1960 年的案主權利運動，這些都創造了引導 1970 年代重要政策改變的想法。3 個社會安全法案的修正案在這 10 年間促成了晚近家庭維繫服務發展的方法。1962 年至 1967 年的修正案，受到社會福利領域中領導專家聯合的支持，反映了清楚地努力去建立完整、低收入戶家庭的公共資金服務系統，去修正兒童福利與家庭服務間反功能的分離，以及確保兒童在寄養照顧中，生存在與在家相同的福利與服務。然而，在 1971 年會議中只有通過較少注意與爭論的修正案，如「失依兒童的家庭扶助」以及寄養照顧，這些較長遠對兒童福利的結果。這個立法提供了對州重要的經濟援助，給予在安置機構中的兒童花費，它因提供了沒有誘因去發展寄養照顧原則的其他選擇方案。結果，它經常有鼓勵的效果，以及擴展危機兒童的機構寄養安置。

在 1960 年代的晚期與 1970 年代早期的其他發展，也協助設立通過聯邦重要部份的階段，而指導了今日家庭維繫服務的法令。這些包括：

- 研究發現的廣泛傳播，強調了兒童與父母分離潛在的負面結果。
- 領養與寄養父母團體的組織的貢獻是提升了對兒童傳統上，視爲不可領養的領養機會。
- 階級行動法律的初步想法設計，適合去保護兒童的權利，鞏固許多案主團體的社會利益。
- 再發現兒童受虐的問題，伴隨著廣泛宣傳關於那些被稱爲是舊的兒童症候群。
- 公佈「去機構化」與「安置在最小損害的選擇」的概念，商討關於對狀態違反者、犯罪青少年以及需要特定照顧的易受傷害團體之規定的適當性。
- 擴展傳統家庭與兒童福利機構的界限範圍，以利用聯邦基金的新資源去增加服務，以及觸及危機的新標的人口。
- 介紹兒童支持性與建立公共、志願、專業團體之概念的貢獻是保護許多兒童團體的利益。

再規劃政策架構

由於花費與期望的同時增加，關於兒童服務輸送的議題，開始假定在公共政策的議程中有更大的重要性。聯邦與州的立

法委員從前是滿意留下類似的狀況，以隨意處理本地與州的行政者以及志願協會被迫從每一個面向開始的行動。伴隨著類似的州法令與計畫下，在 1974-1980 年間 4 個聯邦法律的通過，創造了對家庭維繫服務目前活動的架構。

一、1974 年兒童受虐預防與處遇的方案

媒體增加對兒童受虐問題播放範圍的回應以及關於在醫療社群最新被定義兒童受虐症候群(battered child syndrome)的鼓動，PL93-247 法案創造了兒童受虐與忽視的國家中心。它提供了有限的基金—在 1987 年給家庭 260 萬元—對州的示範計畫以建立一系列的規定，這是關於建立調查、報告疑似兒童虐待與忽視的全州性質的體系。

1974 年兒童受虐預防與處遇的方案(Child Abuse Prevention and Treatment Act of 1974)，這個法案失敗之原因在於其沒有列舉應該被定義爲兒童虐待與忽視，或是報告之證據標準的狀況。此外，縱使立法的意向是清楚地傳達於這個標題中，執行關注於報告與調查命令的規則，而不是預防與處遇。結果，這個法律影響逐漸擴大兒童接近公共權威的注意，以作爲潛在照顧與保障的需求，沒有提供資源或是必要的指導，使得州能更有效地處理這些人口。

二、1974 年青少年司法與犯罪預防法案

1974 年青少年司法與犯罪預防法案（Juvenile Justice and Delinquency Prevention Act of 1974），這個法律的通過是回應廣大關心於青少年犯罪與狀態違反者的不適當管教，反映了其他的努力去使用聯邦基金去刺激州的改革。它適度地給予基金

（1987 年給家庭 700 萬元）以支持州的努力去改善青少年司法系統以及創造相對於傳統的其他選擇方案，如非常昂貴的拘留所與修正的設施。為了設置的合適，州政府被要求發展州的計畫，以確保從青少年拘留所以及修正的設施中，對狀態的違反者予以撤除，青少年要從成人的監獄中分開，以及最後全部青少年從成人的設施中撤除。這個計畫刺激了州的具體化過程，在於從青少年的司法體系中狀態的違反者予以轉向以及分離自成人的違反者，但是基金從來都是不足的，以至於以去鼓勵對青少年犯罪的社區本位的其他選擇方案有廣泛的發展。

三、第 20 條款州成立社會服務的基金

第 20 條款的州成立社會服務並明列預算（TitleXX，Grants to States for Social Services），這是社會安全法案的修正案，最初被視為顯著授予經費的第一個主要社會服務方案，它是設計用來提升自我滿足以及防止目前與未來的依據，藉由支持對於危機兒童與成人全面、有效、目標導向的發展。它提供了 75% 的聯邦準備基金給州去進行更大範圍的服務，規定一個服務導向及 5 個目標，是關於提升自我支持與自我滿足，防止虐待與忽視，以及防止不適當的機構化。這個法律，部份為尼克森所實施的「新聯邦主義」(new federalism)，其目標是：當在有限的經費下，給予州增加權威和責任。

儘管這個立法，命令了全面性州的社會服務計畫的發展，以及要求公民參與計畫的過程，在 1972 年的會議中，它保留了 2.5 億元的上限，在於社會服務支出的制定。因此，法律最後增加勝任能力的影響，在每一個州的利益團體中，尤其是在通貨膨脹的時候，變成是社會服務基金有更多的限制（1987

年總共對家庭的的提撥經費只有 2.7 億元）。儘管這些限制與修正案受制於 1981 年第二十條社會服務阻礙的授予（the Social Services Block Grant of 1981, TitleXX）的法案則變成是主要兒童福利基金的來源，在 1982 年提供大約 30%的經費給州做爲兒童福利服務（Burt and Pittman，1985）。

四、1980 年的領養協助與兒童福利法案

PL96-272 這個全面性的法律，1980 年的領養協助與兒童福利法案（Adoption Assistance and Child Welfare Act of 1980）是在國會改革努力的許多年後所規定的，獲得來自公務員、兒童福利專家、倡導團體與案主組織的聯合支持。這是計畫地回應重複的研究以及表達引證了兒童福利機構的財務與人事費用，是失敗於提供服務在兒童與父母自己的家中，提供適當的照顧與處遇在安置機構的兒童，或是迅速地分離兒童到他們的原生家庭或是進入領養家庭（Fanshel and shinn,1972；Bernstein，Sinder and Meezan,1975；Gruber,1978；Knitzer,1978；Persico，1979）。許多法庭一致的決定以及州法令要求增加保護父母的權利，以及更細心地監督兒童在寄養安置的目前改變，法律也受到許多有效花費方案報告的誘導，以幫助防止安置以及影響早期從照顧中的分離（Jones et al, 1962；Pike,1976；Burt and Balyeat,1977；Emlen et al.,1978；Stein et al., 1978；Maybanks and Bryce，1979）。

PL96-272 法案採取 Knitzer 和 Allen（1983:120）所描述的「軟硬兼施取向去管理不適當基金的用途，那些經常是昂貴的、家庭外的照顧以及朝向寄養安置的選擇」。取代「失依兒童的家庭扶助」寄養照顧方案而以新的標題爲 4-E 的寄養照顧

與領養協助方案，這個立法創造了在聯邦基金附帶條件的限制，用來維持寄養照顧的給付，領養有特殊需求的兒童給予經費，以及提供財務的誘因與關於預防與再結合服務發展的罰金。

設立了兒童福利服務全面性的標題。PL96-272 法案需要州去建立照顧回顧的機制—隨著需求的判斷性決定以及在特定層次上父母的參與的機會—確信合理化的努力能避免寄養安置，安排寄養安置在最適當的狀況下設立，以及在及時的行為中兒童與原生家庭的分離。這個法律也詳細說明了個案計畫要被發展，以確保寄養安置在「最小限制、最像家庭是非常接近父母家的可行設置，並且符合兒童的需求與最佳利益的原則」。為了促成統計資料的蒐集與監督，PL96-272 法案命令州去建立全州性質的資源系統以及列出一個過去兒童超過 6 個月的照顧名單。

這個法律的通過產生了寄養安置的預防，以及聯邦兒童福利政策永久計畫的明顯目標，與對於不同領域的許多預防的型式或是家庭維繫服務的廣泛發展，創造了誘因。因為寄養照顧的標的人口比起在 1980 年時開始減少，大部份是回應州的立法與行政的構想，但是卻很難去決定在兒童福利服務的改變應該是歸功於這個法律的通過。

到了 1982 年在這個法律下獲得額外基金的要求被定義為，在兒童福利服務中州的長程計畫之主要影響。此外，寄養照顧維持給付的支出，也從 1979 年對家庭的兒童福利基金佔75%減少至在 1982 年只有一半而已。當分配預防與保護服務的基金分配比例，在同一個時間從 8%增加至超過 23%（Burt and Pittman，1985）。然而，儘管這些顯而易見的成功，國會是在

1987 年設立標題 4-E 的法案撥 697 億的經費給家庭（寄養照顧和領養的服務），以及只有 222 億 5 千萬元是用在標題 4-B 的法案上（預防和再結合的服務研究，示範與訓練的補助）。這些金額再次地建議了巨大的困難是在於努力去發展對於處於危機中兒童的其他選擇服務方案。此外，最近增加在總共寄養照顧的人口數，包括了許多兒童明顯地與照顧分離，以及關於永久性計畫效率問題的興起作為普遍政策的目標。

從細讀專業文獻或是在許多州與社工員以及行政管理者的非正式會談中，可以清楚地知道，兒童福利的爭論、成功的定義、專業工作人員的期望與做決定責任的分配，自從這個法律通過後有明顯的改變。儘管這些改變通常是會在討論永久性計畫的相對優點時所提出，它們指示了一些好的法律實質意向如何被執行。如同 Stein 和 Gambrill（1985:91-92）所提到的：

> 是否社工員發展個案計畫以及與法律所描述的指導一致，是否個案的回顧是實質的，或是回顧只是僅僅如橡皮圖章般的交差了事，是否管理者從資訊管理系統使用資料以促成對兒童的計畫，這都是要被表達出來議題的一部份，假若法律的意向是可以被實現的話。除非執行可以被監督，那麼由行動所創造出來的架構才會可行。

政策執行的兩難

儘管政策執行的障礙總是必需被預期的，但是沒有辦法在通過 PL96-272 法案前預測或是任何在早先的法案，這是雷根

政權努力移除對增加家庭生活與兒童發展的主要聯邦社會安全方案。這意味著剝奪家庭社會資源的需求，藉由廢除法律、減少基金、去規則的方案以及限制適當性已有很好條件的資料，而且也不會在此陳述任何的細節。然而，我們必需強調這個企圖去執行家庭支持與保護的新觀念，在只能夠描述其環境是敵對的貧窮家庭福祉來說，進行了此新的概念會產生了掙扎。這種家庭保護服務的潛能與限制將被評估在這個脈絡中。

這似乎是殘忍的諷刺，但是事實上，這已是很久呼籲了提供服務的需要設計用來維持兒童在他們自己的家庭中，當每一個對家庭保護障礙出現的時候，給予證明這個取向效度的機會。當 1/4 的全部年輕兒童以及幾乎 1/2 的年輕家庭是生存在貧窮中（Children's Defense Fund，1988），當增加如無家可歸、缺乏營養、失業、待業、實質虐待與疾病等問題的家庭數目所苦惱時，我們應該維持那些可用很多技巧或是良好設計用在臨床服務干預介入所完成事情的有限預期。而且關心「兒童福利」或是需要質疑是否寄養安置的預防總是可行或是實質的目標。

州與當地政府的組織，以及志願部門的機構企圖去取代取消的聯邦基金，藉由接觸基金的新資源以及在服務的安排上制定新的效能，但是他們不能夠代替主要已執行的方案。為了生存，他們開始強調危機導向的想法，最後一道防線(last ditch)殘補式服務是對於大部份在需求中，延緩更多例行與預防照顧的想法。因此，兒童福利機構總是家庭的最後資源，它無法透過正常的手段來符合兒童的需求，現在所面對的經歷已發現了社會經濟與情緒問題家庭數目的增加。而且縱使在表達這些問題時，只有少數的資源，但是公眾對努力的期望與審查也會增加。

最近，在家庭維繫服務的廣泛利益在這個脈絡中是非常可理解的，因為這些方案保證而且是經常的表達它是快速、低花費，對於有困難的家庭是正面的結果，已致除此之外沒有可以幫助的。危險正是在於他們成功地把不健全社會力量的注意力轉向於在家庭功能中的危機，它掩蓋了少數介入社區支持的需求，以及提升了責備家庭無法回應此取向的趨勢。

在家庭維繫服務中，政策的兩難應該從這個觀點來檢視。忽略這些方案中倒退的想法，若是被用來執行的話，則會給他們嚴重的不公平。

一、平衡兒童保護以及家庭維繫

長程的政策兩難無法明顯在 1974 年的兒童虐待預防與處遇法案中或是 1980 年領養協助與兒童福利法案中呈現出來，這是一個由父母最低可接受層次所組成的問題。如何使兒童的權利去保護他們避免傷害，用以平衡對抗隱私與自主的家庭權利？當冒險地維持兒童在他們自己的家中是勝過危險地從父母身旁移開嗎？1974 年法律全面認可州政府可以干預介入家庭生活以為了保護兒童，然而至 1980 年法律清楚地命令保護以對抗不當的公共干預介入家庭的生活。

儘管廣泛地重疊的標的人口在這 2 個法律中顯現，聯邦政策制定者並沒有企圖去調解有時候會衝突的目標。相反地，在許多領域的公務員與法官留下了這種增加州本身法律、規則與法庭決定的任務，而控制了目前在父母傷害危機下保護兒童的目標，以避免或是限制家庭外寄養安置的目前緊張狀況。縱使一些法律上的緊張可藉由涵蓋在每一個法律中，親子狀況的正確定義來解決，目前知識的層次卻無法藉由其他選擇的干預介

入取向，提出對兒童相對利益與傷害的適當預測。事實上，可行的研究發現，引起了一些在兩個法律上干預介入假定的問題。

舉例來說，兒童虐待與忽視的報告中只有相對小的比例（57%是在專家的研究中，而 35%是在非專家的研究中）在調查之後可以被證實。此外，最可行的估計預測了在家庭中有 50%累犯的比例，以致進行一些干預介入的處遇（Stein，1984）。相對地，儘管報告過度地忽略在寄養照顧中的一些個體兒童，但重複的研究建議了 70%至 80%在寄養照顧中成長者亦是很健全的（Kadushin，1985）。因此，有更多兒童需要保護或是永久性計畫服務的特色被詳細敘述，這些會導致更公平的處遇，它沒有辦法用來假定對於兒童處於危機會導致更好結果的必要性，以及預測 2 個法律的意向。

家庭維繫服務，大都立基於假定在家庭危機時，細心及時的家庭本位積極性的干預介入，這樣可以幫助防止兒童虐待以及轉移家庭外的寄養安置，反映了方案性解決的努力去平衡危機的政策。然而，這些方案有許多其他的議題。

二、進行合理性的努力

PL96-272 法案需要有判斷力的決定，而「合理性的努力」（reasonable efforts）能夠使得兒童在安置寄養照顧之前安全地留在家中，但是合理性的努力並沒有操作性的定義。結果，在州考慮家庭危機可行服務的領域與範圍有廣大的變數，而且在每一個州開始組成可接受層次的努力去避免兒童在法庭前的安置寄養，在眾法官間也是有很多的變數。青少年及家庭法庭法官的國家會議、美國兒童福利聯盟、青年法律中心以及青年法

律國家中心的出版品呼籲要進行合理性的努力，去維持孩子在他們自己的家中，每一個州必須維持所得支援的範圍，包括住宅、兒童照顧、暫時照顧、具體兒童虐待處遇、心理健康諮詢、家庭服務、父母訓練與交通等具體與諮詢的服務。家庭維繫服務私下被定義爲能使得家庭在危機中可行性的唯一一種需求範圍的構成要素。

　　儘管在積極性的家庭本位服務發展的關鍵行爲者，很清楚地認爲計畫者或許過於強調家庭維繫的想法，而排除了其他家庭支持的需求。這個趨勢的理由是很明顯的：有限的財務資源；假若概略地說，早期有效成本的報告；國家傾向尋找快速—修理的解決方式；以及對長期依賴的深層厭惡。經常在忙錄中忽略去組織這些服務，但事實上他們是立基於危機干預介入的模式上，一旦平衡恢復的話，這是假定了獨力功能的能力。不幸地，不是所有的父母都有情緒、認知、社會或經濟的必要資源，使得他們在同一個基礎上有獨立的功能。他們能夠維持有愛的家庭以及符合兒童本位的發展需求，假若他們可以提供了在此基礎上支持的範圍，或許可以直到他們小孩長大。這個問題因此必須表達如何協助家庭的危機。需要命令去產生合理性努力，以擴展超越有限時間的積極性干預介入嗎？而我們的社會是否有意對兒童福祉的長期承諾而要求父母呢？而又要多少的經費？

三、目標與標的

　　儘管在家庭重建者方案以及其他的家庭維繫服務在許多的州都被建立，但是目前其服務目標與標的人口卻是大量地模稜兩可。一些方針是針對於提升家庭的功能，當其他人配合去避

免兒童家庭外的寄養安置。一些兒童處於虐待、忽視危機的標
的家庭，其他也包括了兒童在危機中寄養安置的家庭，由於是
犯罪的行為與心理的疾病。在 Maryland 州，家庭維繫服務被
連結到兒童保護系統，但是幫助的提供是優先於疑似虐待或是
忽視的調查。在 Florida 州，家庭保護服務沒有提供直到對兒
童保護需求的調查之後，但是他們也提供孩子寄養安置的家
庭，其因是他們本身行為的困難。在 Minnesota 州，兒童服務
最近是環繞著家庭保護服務的構想再組織起來，但是在每一個
郡定義標的人口的時候卻有顯著的差異。以 Hennepin 為例，
有選擇地去集中青少年的安置，然而 Ramsey 郡的目標是在危
機年輕兒童的服務（A. J. Kahn and S. B. Kamerman，1988, pers.
commun.）。

　　標的人口、干預介入的時間以及預期結果的自然差異，有
明顯的成本上的意涵。此外，除非是外顯地認知外，他們很希
望結果能夠對照評估諸如此類服務的效能。目前的知識沒有辦
法去允許其他取向之相對優點能被正確詳細的描述。可以假定
的是許多有危機兒童的家庭的早期干預介入較有可能有廣大的
效果；但是諸如這個冒險所花的費用，即是在危機立即安置的
標的有限資源中的價格。進一步的研究需要協助釐清危機的批
評以及定義最適合在哪一種服務類型中獲益的危機狀況類型。
然而，額外的知識沒有辦法去分析由標的人口所定義標的服務
的價值問題，如處於危機中兒童的安置或是接觸從服務中獲益
的大量標的家庭，甚至寄養安置應該移轉至沒有干預介入。

四、分配服務輸送的責任

　　PL96-272 法案的需求是州要進行合理性的努力去防止和

限制寄養照顧的安置，假定了公共（聯邦、州和地方）在財力預防服務的責任。決定視爲特定服務特定服務的安排，完全地留給州。因此多元問題的起因來自對服務輸送體系、適當的主辦與結構、預防與保護的服務間的連結、個案與方案的責權機制、服務監督與評估的批評、服務整合的責任以及法律和服務的界限。一些清楚地技術問題是需要連結到其他選擇取向的成本效益分析。其他包含了價值的判斷，對於公共基金的分配以及對家庭危機公平的處遇，這是有直接的影響。

透過這些兩難的討論，空間的限制並不允許。我們可以提到一些關於主張與服務安排的核心議題。如同上述所說，目前聯邦政策建議了州有計畫、財務與監督危機兒童預防與保護服務的責任。此外，對於家庭非志願性的干預介入，長久以來被視爲是侵占父母的法定權利以及需要在公務員下執行。

對家庭的積極性家庭本位服務的構想，在這個脈絡中它宣稱了兒童虐待與忽視有了獨特的挑戰。因爲積極性的模式需要社工員自主、彈性與技巧的層次，這在公共科層組織中很難達成，許多州選擇去與外在的志願機構訂立服務的契約。然而，訂立契約的過程是無法解除州對於核心的兒童保護與監督的責任。因此州必須發展合適的程序，以監督服務構想的品質，以及確保當兒童的安全性受到威脅的時候，州能迅速地干預介入。

不幸地，諸如規則性與可行性的機制有結構化與例行化服務的效果，以致侵蝕了創造力、豐富的資源以及預期改善訂立契約的反應速度。縱使一些州有長久自志願部門購買選擇性服務的習慣，增加在保護與預防服務的構想上訂立契約的信心，強調了更多細心參與研究的需求，以及在訂立契約過程許多型

式的非意向性結果，這衝擊了在危機人口中的很多次團體，以及在不同利益團體間，權力與資源分配的意涵。

其他的組織上的兩難在於對兒童與家庭管理其服務輸送的多元基金趨勢與調整的結構。縱使州與州之間科層體制的安排截然不同，全部必須表達出個案整合與方案協調的問題。有孩子在危機安置的家庭幾乎是被定義需要多重來源的支持。然而接近許多教育、健康、住宅、所得維持、法律、以及社會服務體系，這經常被控制在適當評論與申請需求的複雜網絡中，其功能排除了家庭的需求比包含還要多。不論積極性家庭本位的服務方案是在公共部門，還是在志願部門，也不論是不是在社會服務、兒童保護、心理健康或是青少年司法體系的管轄下，為了更加有效，他們必須去幫助案主從其他的服務機構中獲得迅速的協助。

儘管最近在家庭維繫服務上的傳佈，他們已經有議題的系統性分析，以作為最佳去設置有組織化的方案，如何經營不同來源的資金與員工，以擴展內在方案的資源，或是什麼樣個案管理型式與協調整合機制是最有可能促成整合的服務輸送。

所以，這是在任何努力中的政治危機，以更明顯連結家庭維繫服務與其他的人類服務資源系統，因為是努力關注在連結預防性寄養安置的真實花費上，如提供額外或是擴展超越密集、家庭本位服務的資源花費。因為這些是服務初步構想的理由之一，其假定了更為有效的花費、在資源外的額外部份，藉由建議這並非是在財務上的可行方式，去消除在服務輸送模式中的利益。另一方面，這也呼籲了「合理性努力」的命令需要有資源去支撐家庭的功能，以及快速、協調的服務輸送，運用來化解產生自社會忽視危機兒童的社會與經濟花費的想法。

政策的意涵

當父母似乎是無能力或是無意願適當的照顧他們孩子的時候，可以表現在法律、道德、財務與實務兩難的長期掙扎上，這也建議了巨大及複雜的任務。在這個脈絡中，家庭維繫服務是重要的新發展，對高危機家庭的工作提供了革新、積極性的服務技術，這減化了寄養安置照顧，而沒有增加兒童虐待或是忽視的危機，或是消除了父母的權利與自主。服務有效與節省經費的早期報告是被承認的，很少受到爭議，而這個發展被鼓勵，以及對未來的擴展、替代與試驗也是被保證的。

然而，兒童福利的歷史也證實了對於危機兒童問題，若尋求單一的解決方式是不謹慎的。如寄養照顧，它是發展去符合危機的兒童在自己的家或是社區的社會干預介入，在 1970 年間重新被定義為將預防的社會問題。在 PL96-272 法案所引導的永久性計畫命令，其限制了寄養照顧安置，但是現在已受到研究發現的挑戰，認為是在寄養照顧中的兒童是優於在他們自己的家中（ Barth and Berry,1987；D. Fanshel, 1988, pers. comm.）。目前的知識無法允許我們預測積極性家庭本位服務的長程影響。

家庭維繫服務不能視為萬靈藥。這些類屬性的方案能夠幫助整個家庭與兒童支持性需求範圍中的一個部份，以及被組織用來提供個案服務的類型。他們無法表達在家庭功能中促成緊張、不適應的社會經濟力量，也無法提供有需求的父母或是兒童長程的協助或是特定的處遇。因此有必要維持方案可行與不

可行的真實預期。

　　對家庭維繫方案有效的功能來說，他們必須提供兒童與家庭服務連續性的重點，這包括社區化、發展性與早期干預介入的計畫；家庭生活教育；個人、婚姻與家庭的諮商；對青少年的團體服務；訊息、參考方案與倡導的服務；暫時的照顧；家計、日托與日間處遇的資源；醫療的服務；以及寄養家庭、團體家庭與住宅處遇的設施。這通常是必要的，這些方案有能力從其他人類服務機構中支配需要的資源，包括了健康、住宅、所得維持、教育、心理健康、虐待的內容、工作訓練以及雇用。

　　儘管兒童保護與家庭維繫計畫在理論上是顯著的，在實務上有大量重複與模糊的界限範圍，因為這些方案是運用在許多相似的家庭，而且服務的要求也在增加中。在 1986 年，未證實的虐待與忽視報告估計有 22 萬的兒童是在檔案中，這比起 1981 年是增加超過了 90%（Children's Defense Fund, 1988）。目前是努力去擴大與制度化家庭維繫服務置於在危機的脈絡中，因對這些方案，像是兒童保護服務，能夠輕易地推行以及藉由設計用來監督與例行化服務輸送的程序，感到過度的規則化與拘束。為了維持家庭保護服務的目標、整合與潛在效能，努力應該用來執行許多關鍵的忠告，那些可以重複提供強化兒童保護的服務（Stein, 1984, Forsythe, 1987, McGowan, et al., 1986）。這些包括了：(1)減化需要報告與調查命令的個案範圍，使得資源在危機中成為標的；(2)提供著其它的選擇方案，以及志願進入服務的觀點來允許家庭在危機發生前獲得協助；(3)從直接的服務構想中，分開兒童虐待調查的報告。

　　目前所興趣的其他危機，在於公共部門中擴展家庭維繫服務，這個增加特定服務模式制度化的壓力。就社會工作實務的

歷史所顯示，封閉、不成熟的單一取向會蒙蔽實務工作者對於其它的選擇方案，以及新知識的來源（Germain, 1970）。儘管家庭重建者方案提供了重要的承諾，伴隨在社區脈絡的案主類型，或甚至是許多方案依賴於單一的實務模式下，這很明顯是太快決定家庭保護模式，是較為節省花費的。同樣地，很少有關於工作人員的型式、訓練的資源與組織的安排，這是能最佳促成對家庭危機的有效服務輸送。因此，基金的型式與可行性的需求是彈性，並設計用來回應革新而非例行化的服務輸送有其必要性。

到目前，儘管家庭保護服務的記錄偏好於持續的擴展與替代，這並非有責任在這些方案中進行主要的公共調查，沒有同時調查在一系列的現在研究中，是設計用來檢視其它選擇服務的結構與實務技術的短程與長程支出效益。在這個研究議程中最少包括了：

- 有清楚控制組的縱貫研究，目標在於評估跨時間性的服務影響。
- 伴隨著相似的案主人口，評估其他選擇方案模式的效力（時間的架構、實務的技巧、進入服務的觀點）。
- 定義其他選擇方案結構上的安排（主事人、工作人員的型式、與其他服務系統整合的程度）會促成或是阻礙了特定方案模式的執行。
- 評估其他選擇方案的花費利益，用來監督順從契約以及確保個案的可行性。
- 分析在家庭保護服務的輸送上，不同兒童維繫服務結構的影響。

• 檢視隨之而來的影響，那些家庭維繫服務的構想是否在其他的社區脈絡中，有服務輸送網絡的其他組成要素。

最後，這應該是被提到的是在許多州中，家庭維繫服務範圍的同時介紹提出了一個對聯邦政府或是更多基礎的非一般性機會，以保證一系列發展研究計畫，其目標在於認同幫助高危機的家庭，是最爲有效的實務取向。在社會方案中，這種廣大自然的試驗是很少的，而且應該被經常地檢視。努力去獲得的知識是幫助化解目前兒童福利政策歷史的模稜兩可，以及提升在高危機家庭的有效服務輸送。

社會工作教育的意涵

儘管社會工作教育會議的命令包括了在社會工作學院的課程規劃中，有社會政策的課程，但是學生經常抱怨這些課程的內容很少與實務的工作有關聯。但是必定要了解的是在排除抽象的層次，有多少主要的公共政策塑造了他們實務的角色與目標。同樣地，學生通常視社會政策是假定了實務工作者與政策的規劃與執行是很少有影響的。

家庭維繫服務發展的沿革是在這個脈絡中提供真實的教育利益，因爲它提供了政策與實務交互作用的例子。這些服務的主要目標—預防寄養安置—只有在視爲對抗力量的背景下，這變得有意義，而導致通過 PL96-272 法案。由家庭重建者模式所發展的新實務取向需要去執行立法的目標。

如同個案研究，家庭重建者建立、擴展與替代的記錄，可

以使用來說明重要教導在社會行動中的專業參與的重點。這些
包括：

- 直接服務方式的實務工作者能在不同的政府階級下，引
  響政策的規劃以及執行；
- 對領導、創造、資源這些成果要求的承諾；
- 使用多元的改變手段，以影響最新的服務改革；
- 政治與結構對更多理性或是激進服務計畫的阻礙。

　　這樣的運作打消了學生的耐心去創造了立即的改變。然
而，社會改革通常是發生在基礎不是很完善的情況下。此外，
社會工作者通常影響了改變的過程，只有在其他的有關利益團
體或是政治力量。對學生而言，這是非常重要的，在其生涯中
早一點去吸收該課程，以致他們準備去忍受暫時性的挫敗，和
獲得對長期來說是有效的技巧。

　　在不同層次的分析上，家庭維繫服務試驗強調了許多核心
教育上的兩難，在專業中導致更進一步的爭論。首先，明顯在
政策行政制定者、研究者與實務工作者之間的聯結，為什麼我
們要堅持組織多數方法的課程，而不是田野實務的課程？我們
如何較佳地準備讓學生在「真實的世界」中獲取多元的實務決
定因素，而不是犧牲特定知識的發展與技巧？為什麼使用特定
服務的協定標題，在參與最初的服務，如家庭重建者模式，教
導專業技巧的選定範圍？

　　第二，像是 PL96-272 法案的執行目標宣稱了公共基金的
決定，主要是受到價值選擇所塑造，如政府的利益、經濟的限
制，而非實證式的研究理性決定的過程。然而，方案評估通常
是設計去接近實務技術的有效性，而不是回答關於特定政策制

度的問題或是分配在執行上的適當資源。就真實面來說，社會工作教育者考慮如何在最佳有限理性脈絡中，如何準備讓學生接受專業的實務，是不是太過於強調資料為基礎的實務的必要性與適當性？什麼樣型式的知識與技巧是必須的？如何在這個脈絡中教導學生最有效的功能，沒有對每個專業下的科學技巧評估感到厭惡？

　　最後，目前增加在類屬基金與在外監視的服務系統，有強迫專業自主的影響，被視為案主之服務的本質、領域與範圍。然而，社會工作人員協會倫理守則（The Code of Ethics of the National Association of Social Workers, 1979:3）清楚地陳述社會工作主要的責任是對於案主，以及他們服務的展現，應該保持著最後責任的品質與範圍。公共政策的轉變，對與案主工作的實務工作者產生了倫理上的兩難，這些案主不需要適應規則性的指導或是假定。縱使他們不願意對這些兩難清楚地回答，社會工作教育者必須開始更直接表達這些問題，以及協助學生發展更多外在的指導。

參考書目

Abbott, G. (1938). *The child and the state,* vol. II. Chicago: University of Chicago.

Barth, R., and Barry, M. (1987). Outcomes of child welfare services under permanency planning. *Social Service Review, 61,* 71–89.

Bernstein, B., Snider, D., and Meezan, W. (1975). *Foster care needs and alternatives to placement.* Albany: New York State Board of Social Welfare.

Bremner, R. H. (Ed.). (1971). *Children and youth in America: A documentary history,* vol. II. Cambridge: Harvard University.

Burt, M. R., and Balyeat, R. R. (1977). *A comprehensive emergency services system for neglected and abused children.* New York: Vantage.

Burt, M., and Pittman, K. (1985). *Testing the social safety net.* Washington, DC: Urban Institute.

Children's Defense Fund. (1988). *A call for action to make our nation safe for children: A briefing book on the status of American children in 1988.* Washington, DC: Author.

Emlen, A., *et al.* (1978). *Overcoming barriers to planning for children in foster care.* Portland, OR: Regional Research Institute, Portland State University.

Fanshel, D., and Shinn, E. (1972). *Dollars and sense in foster care of children: A new look at cost factors.* New York: Child Welfare League of America.

Forsythe, P. (1987). Redefining child protective services. *Protecting Children,* 4, 12-16.

Germain, C. (1970). Casework and science: A historical encounter. *In* R. W. Roberts and R. H. Nee (Eds.), *Theories of social casework,* pp. 3-32. Chicago: University of Chicago Press.

Gruber, A. (1978). *Children in foster care: Destitute, neglected, betrayed.* New York: Human Sciences Press.

Jones, M. A., Neuman, R., and Shyne, A. W. (1976). *A second chance for families.* New York: Child Welfare League of America.

Kadushin, A. (1978). Children in foster families and institutions. *In* H. S. Maas (Ed.), *Social service research: Reviews of studies,* pp. 90-148. Washington, DC: NASW.

Knitzer, J., and Allen, M. L. (1983). Child welfare: Examining the policy framework. *In* B. G. McGowan and W. Meezan (Eds.), *Child welfare: Current dilemmas, future directions,* pp. 93-141. Itasca, IL: Peacock.

Knitzer, J., Allen, M. L., and McGowan, B. G. (1978). *Children without homes.* Washington, DC: Children's Defense Fund.

Maas, H., and Engler, R. (1959). *Children in need of parents.* New York: Columbia University.

Maybanks, S., and Bryce, M. (1979). *Home based services for children and families: Policy, practice, and research.* Springfield, IL: Charles C. Thomas.

McGowan, B. G. (1983). Historical evolution of child welfare services. *In* B. G. McGowan and W. Meezan (Eds.), *Child welfare: Current dilemmas, future directions,* pp. 45-90. Itasca, IL: Peacock.

McGowan, B. G., Bertrand, J. A., and Kahn, A. (1986). *The continuing crisis: A report on New York City's response to families requiring protective and preventive services.* New York: Neighborhood Family Services Coalition.

National Association of Social Workers. (1979). *Code of ethics of the National Association of Social Workers.* Washington, DC: Author.

National Center for Youth Law. (1987). *Making reasonable efforts: Steps for keeping families together.* Report of the National Council of Juvenile and Family Court Judges, Child Welfare League of America, Youth Law Center, and National Center for Youth Law. San Francisco: Author.

Persico, J. (1979). *Who knows? Who cares? Forgotten children in foster care.* New York: National Commission on Children in Need of Parents.

Pike, V. (1976). Permanent planning for foster children: The Oregon Project. *Children Today,* 5, 22-25, 41.

Stein, T. J. (1984). The child abuse prevention and treatment act. *Social Service Review,* 58, 302-314.

Stein, T. J., and Gambrill, E. D. (1985). Permanency planning for children: The past and present. *Children and Youth Services Review,* 7(2/3), 83-94.

Stein, T. J., Gambrill, E. D., and Wiltse, K. T. (1978). *Children in foster homes: Achieving continuity of care.* New York: Praeger.

Thurston, H. W. (1930). *The dependent child.* New York: Columbia University.

第五章
引導以家庭本位之積極性
家庭維繫服務的理論

Richard P. Barth

Kurt Lewin 的論點：「好的理論是具實踐性的」可被廣泛地接受。相對地，奠基在較弱理論層次上的介入干預則是不具實踐性的。然而一個有效的介入干預並不是完全與理論契合，受到較好理論所引導的方案比較容易避免不必要的兒童安置服務。積極性的家庭維繫服務（IFPS）提出四個主要的理論來連接理想的服務輸送體系以及處理的方式，包括：危機處理理論、家庭系統理論、社會學習理論以及生態學理論。危機處理理論的內在可行性是許多提供 IFPS 的機構提供服務的處理方法，然而家庭系統理論與社會學習理論其優點的共識尚未有交集。家庭系統理論是難以定義的，但卻是在社會工作實務中能夠被廣泛接受的模式。社會學習理論是最好和理論相結合的理論，且其有很強的心理學及部份社會工作等理論作為基礎。生態學理論主要是從自然科學中對社會科學本位的實務隱喻，且在實務中這種隱喻的各種詮釋已經在社工服務上產生極大的影響。

本章將會討論這些理論以及所引導出來的實務作法，並描述這些理論對於 IFPS 服務輸送的貢獻。許多的證據已經可以檢視奠基在這個上面為有用的理論與服務。理論與取向的連結之所以被考慮，正如同服務的層面需要更好的連結。

危機處理理論

危機處理理論（crisis intervention theory）不同於如何去組成危機或是將危機概念化。一般來說，所謂「危機」為一危險的事件，沒有辦法用習慣的資源或是問題解決的方法來解決（Caplan, 1964）。而「危機的回應」為一煩惱或是失衡的狀

態，並存在於企圖解決的狀況。

　　危機理論與介入干預的焦點是放在日常生活中人們面對無法處理的情況，而非個人長期的偏差行為以及心理疾病；也是放在促成事件的因素，而非傾向於環境和個人的因素，以及放在高危機的情況下，而非高危機的標的人口（Auerbach, 1983）。危機處理理論並不是設計用來表達由「心理疾病」所造出來的家庭環境，或是可以比較長期持續的傷害（如藥物濫用）以及在高危機的狀況下，這些高危機標的人口所無法掌握的環境、壓力與緊急的促成。危機理論直接描述個體而非家庭對於危機發展與本質的回應。家庭壓力理論（McCubbin and Patterson, 1983）以及家庭處理均包括了危機的干預介入，有必要將這兩個理論的領域加以整合（Everstine and Everstine, 1983）。

　　危機理論提出對危機的回應是一種的自我設限；換句話說，病癥的消失或是透過短暫時間的運作，一個危機案子差不多 4-6 週的時間(Bloom, 1980; Darbonne, 1967)。然而，最近的研究結果並不支持此一論點。在危機解決前大量時間的需求，以及個體適應和恢復到平衡的狀態並不容易測量。處理癌症手術所需合理的測量時間，建議是從 4 週至 5 年的危機回應（Krouse and Krouse, 1982, Ray, 1978），若強暴事件的受害者，其在經歷最嚴重與突然的攻擊後，需要 4-6 個月甚至是 3 年的時間來恢復（Ellis, et al., 1981）。家庭對於危機回應的歷時性研究尚未有文獻說明。而個體或家庭在 4-6 週後達到一新平衡(homeostatic)點，或是在危機後的統一時期為一簡單的觀念。兒童福利研究並不滿意典型時間數量的研究，因為會失去兒童在無法控制下父母的抱怨，以及排擠兒童的家庭決定。這些是無法明確說明家庭失去其功能而假定讓兒童在家庭外的照顧是

要花多久的時間。

　　目前危機的研究和理論並無法告訴我們，能夠提供家庭服務時間的長度以及獲得成功的結果。有一些案例可證明孩子在離開家庭後，若家庭沒有在 18 個月內重組，則家庭永遠無法重組（Jones, et al., 1976）。回顧家庭治療結果的研究（例如，Wells, 1981）建議：「假若沒有更好的話，短期的干預介入比起長期的處理較有平衡、改善的比例。」但是這或許要歸因於更多失敗的干預介入，以維持家庭服務的水準，或是有更多有問題的家庭，即使花的時間很長但改變卻很少。家庭並不一定會遵循著失敗的假定路徑，以維持使用服務的動機，因爲他們停滯在一個家庭性的新層次上。因爲動機是介入個體與服務提供者之間的互動，並非獨立於個體或是家庭外的條件（Barth, 1986），解決家庭危機的家庭努力大部份是依賴於服務提供者解決問題的興趣。

　　Lewis（1982）在其操作性的描述中，認爲危機乃是一個事件導致在功能上有突然不連續的改變。然而，其結果也不能在兒童虐待的報告後迫使家庭的行爲與以往有所改變（假定經歷了最普遍的危機後，其家庭接受了 IFPS 方案）。目前多數的發展學者爲避免「發展的危機」（Erikson, 1959）而朝向變遷的觀點，這是比較多的連續性多於不連續性，較多的增加勝於斷裂，以及更多的曾經多於偶然(Brimand and Kagan, 1980）。其假定爲家庭變得不一樣或是朝向變得不一樣，其原因是能小心、良好地處理家庭的危機。

　　由於危機理論是應用到家庭，故家庭危機的回應必須考慮到他們其他多方面的不規則回應。危機理論是假定在不平衡的時間下，服務的提供可以幫助家庭去發現適當的解決方式。另

一方面，危機服務的協助性訊息或許會受到家庭成員對功能的了解而所有阻礙，由於個體和家庭是處於迷惑與不連續的時期。危機亦是轉機，同時也是促成改變的必要來源。當然，家庭在這個觀點下會改變，並伴隨著一些基本的說法，如「我很高興你現在在這邊幫助我」和其他的說法，如「現在我沒有時間來處理那件事情」。早期危機理論舉例證實，認爲壓力與學習的相關爲一倒 U 型曲線，以致喚醒太多或太少相關的危機是會抑制到學習更多適當的策略（例如，Janis, 1969）。這個例證與目前的證據是一致的，在壓力前喚醒更多感覺反而不容易在壓力後獲得適應，所以在壓力前感受到的壓力愈少，在危機之後反而更容易獲得適應（Auerbach, 1983）。綜合早期與當前危機理論的論點，均認爲干預介入將會讓家庭運作得更好，但是干預介入並不需要介入全程的危機狀態中。

在危機產生點下（通常是指兒童虐待報告的結果），由家庭所進行回報的型式與時間並不清楚。在早期的報告中，家庭重建者模式描述該模式的主要要素如下：

> 當家庭處於危機中，家庭重建者模式介入家庭。在參考的方案中，接案是在 24 小時之內。家庭成員可以有更多的意願去實驗新的想法以及行爲，當他們的痛苦在最難以忍受的時候。家庭重建者存在於壓力的時間中，以及分享著大量的資訊，由這種方式介入較有可能產生成功的治療（Behavior Sciences Institute, 1981：2）。

證據顯示在危機產生時介入干預是最爲有效益的，因爲危機的回應促使成看不見的開放與改變。有效益服務的重要要素也不明確。其假定等待的名單或延後服務的開始會阻隔有效的

服務，但這並非以可信的證據爲基礎。

家庭系統理論

　　或許在社會工作人員中比起家庭系統理論（family systems theory）而言，並沒有廣泛地認爲處遇爲一個有價值的連結。Virginia Satir（1967）曾經主張：在近半世紀眾多的社會工作人員間，家庭系統理論對社會工作人員的影響最大。雖然 Satir 並非是經常與以家庭爲基礎的介入干預一致，但當她在擔任學校教師的時候，她對家族治療的興趣因而展開，之後她拜訪超過 200 個家庭，並經常以拜訪老師的角色來干預介入家庭。當她離開教師的工作後，Satir 展開了社會工作人員以及家族治療學者的職業生涯。在其支持者 Gregory Bateson 早期對系統理論的努力（Bateson et al., 1956）以及人類心理學的追隨者下（Rogers, 1957），Satir 簡捷地描述在這 30 年實務的古典社會工作觀點：

　　　　全部的系統都是平衡的。問題是每一個系統的部份要維持現狀所須付出的代價。根據家庭系統所控制的規則引導出父母親維持自尊、兒童在其中成長的脈絡以及發展他們的自尊，其中溝通與自我價值是兩個基本的組成要素（Satir, 1982：12）。

　　儘管在家庭治療的學者中，Satir 近期的排行是低於 Minuchin、Haley 以及 MRI 團體，她的家庭系統理論的觀點持

續受到許多家庭系統的實務工作者的推崇。以 Satir 來說，許多家庭治療學者描述家庭系統理論做為家族治療的參考。但這個理論並未經並不是一個經學習、討論其優點的理論。這是和家庭治療有複雜的關聯。

家庭系統理論衍生或是支持許多家庭治療的模式。最著名的家族治療者以及他們學術聲望的發展，包括結構家庭治療(structure family therapy)（Minuchin et al.; 1967）、Bowen 學派的代間家族治療(intergenerational family therapy)（Bowen, 1978）、策略性家族治療(stategic family therapy)（Haley, 1963, Rabkin, 1977），以及心理研究機構互動的觀點（Bodin, 1981, Watzlawick et al., 1974）。甚至在這個領域中的專家並非很明確地區分這些取向；舉例來說，Gurman 等人（1986）把 Stanton 和 Todd 研究沉耽成癮於海洛英的工作放在結構的標題下，然而 Stanton 在同一時間描述其工作為策略性的家族治療(Stanton, 1981）。不同家族治療取向的出現正在持續中，而在該領域早期所強調理論間的差異則已減退。

本章基於這個目的，家庭處理模式將於結構化的家庭治療模式中來討論。這個在家庭治療眾多廣泛知名與實務中的一部份，因為 Minuchin 和他的同事已經透過書寫或是訓練的方式來傳達其模式，也獲得相當的成功。儘管這個模式的要素以社會學理論中組織權力與結構為基礎，但在實務的家庭系統（甚至是心理動力）影響了研究。在最近關於家族治療工作者領導權的調查中，有 34%的回應者描述他們自己是折衷的，18%為結構的，12%為系統的，以及只有 2%描述他們自己為行為取向的（Rait, 1988）。結構家族治療者也合併 Haley 原始策略治療的領域，以及互動的家族治療。在以家為基礎的家庭服務世

界中，家庭處遇的結構取向剌最廣泛地被使用，僅次於社會學習理論為最好的測試模式（例如，AuClaire and Schwartz, 1986, Showell, 1988）。然而，折衷取向對於家族治療輸送的影響是相當大的。

家庭系統實務模式

許多家族治療者同意關於家庭發展去實現功能的一般結構，其是功能的還是反功能的是依靠著特殊的家庭任務以及家庭的脈絡。家庭系統或結構（這裡並非真正等同，但是經常是這樣用）的評估來自三個面向：界限範圍（boundary）、結合（alignment）與權力（power）。界限範圍是界定由誰以及如何來分擔、共享或是參與家庭中各類型家庭任務的規則。呈現在結構家族治療的共同界限範圍問題，包括父母親有權力控制特權，以及青少年的基本責任。結合意指是家庭成員共同工作在一起，或是反對彼此意見時所進行的方式。結合問題的起因於當同意父母親有權設立規則的時候，其中的一方持續地矛盾或是推翻其中之一同情孩子所設立的規則。權力是使得家庭成員達到家庭功能的相對力量。權力決定誰能夠發展界限範圍以及形成組合。一般評估與介入干預的策略是決定關於探索以及干預介入的議題，在界限範圍、結合以及權力這三個面向下評估家庭的結構，以及設定家庭結構改變的目標。

根據家庭的挑戰，因而家族治療的過程而有所不同，但是也有少數的特徵能夠具體化。共同治療無法有一個在結構家族治療內清楚定義的位置（Stanton, 1981）。這是由於在每一個處遇的會談中，技術的問題已控制了結構目標的改變。典型的結構家族治療較喜歡看到全家在一起，但是也思考到很多的策

略，包括不同家庭的次系統：聯合的步驟需要看到所有家庭的成員在一起，一致同意的步驟需要訪問家庭中不同的團體，以及連續的步驟需要解決在處遇過程中，家庭不同部分的議題。此外，結構家族治療學者所使用彈性的程度，必須依靠強調於這個取向系統根源的強力訓練。大部份所接觸的時間是花在家庭的聯合上。典型的結構家族治療學者是在每一次的處遇中進行 1 個小時（Stanton, 1981），對於嚴重的家庭來說，會進行 4 至 7 個月（Minuchin et al., 1978, Rait, 1988）。

在結構/系統的家族治療的一些主要技術是和主要的家族治療者類似的。它們包括：聯合(joining)（調整治療者的風格到家庭的風格）；制定(enactment)（在治療的會談中辨別或提出不良溝通或是不成功的家庭互動）；重構(restructuring)（提昇親子互動的模式，而非是過猶不及只有父母親的付出）；再框架(reframing)（重新定義事件與真實的意義，以提昇問題解決的士氣與效能）；以及創造效力(creating intensity)（過去動機的改變是由於家庭可以符合當前的相關型式）。

在 Hennepin 郡的 IFPS 計畫（AuClaire and Schwartz, 1986）描述他們使用結構家族治療取向的服務（他們所報告使用的技術很少，大多是認知和行為的）。根據 Auclaire 和 Schwaetz（1986），他們並非家族治療的專家，但是努力地應用家族治療的技術：建立在家庭中的相互信任關係、定義和建立存在家庭的強度、建立父母為權威的形象；評價案主是以人的觀點；表達同情心；改變家庭內在的結構，消除家庭的界限範圍；採取非判斷性的態度；提出訊息以明確狀況；對家庭成員證實或是提升他們了解時，表達興趣與回饋。

結構家族治療者通常是鼓勵去限制他們必須參與的極小

化，以設立家庭自然治療資源的改變（Colapinto, 1982）。然而家庭系統的模式是期待創造家庭的結構改變，以提昇家庭去處理未來事件的能力，這個模式並非提供特殊理論基礎的策略，其設計用來確保在治療終止後仍維持家庭的改變。然而，結構家族治療者亦表達批判維持改變的議題。這個論點上的個案，如由 Minuchin 所描述（1974）的 Montalvo 對於燒燙傷兒童的干預介入。儘管兒童的燒燙傷無法消失在第一次的會談中，Montalvo 仍和家庭接觸了 18 個月。他和孩子的老師一起工作，在家庭中舉行會談並鼓勵較大兒童的發展。Minuchin 寫到：「縱使在家庭中的改變是有效的，持續的改變無法達到家庭環境的孤立。在他的脈絡中與家庭工作是必須修正的，而且是永久的修正。」（p.239）

社會學習理論

證據顯示，在最近的 15 年裏，由於社會的認知，使得社會學習理論逐漸受到重視，而促成了家庭行為的改變（Mahoney, 1974, Kendall, and Braswell, 1985, Barth, 1986）。社會學習理論（social learning theory）大師 Albert Bandura，也曾釐清認知在於行為上的重要性（Bandura, 1977）；然而根據對行為的獎賞與懲罰會影響到兒童或父母再次使用同樣行為的可能性，以及預期制約的理論，則若家庭成員預期未來行為改變的可能性低則將降低家長成員學習新技巧的動機。而此種預期心理也可用來描述可能產生的行為或是錯誤。預期通常也會是伴隨著行為的改變而改變。因為人的行為、理念與情感會相互地影響。社

會學習理論不同於心理動機的模式，但是和策略性家族治療的取向是一致的，藉由拒絕理念以改變先前的行為，並改變想法和感覺。

Bandura 和社會學習理論者的另一大貢獻，是家庭成員相互學習的方式。在同一時間內，他們透過直接的觀察與本身的經驗而發展出相關理論研究清楚地指出獎賞、懲罰和預期的力量。這些研究發現中，已發展出教導父母、兒童自我管理的技巧（例如，Barth et al., 1983, Gaudin and Kurtz, 1985, Wolfe and Sander, 1981）。這些技巧均強調演練的重要性，並鼓勵父母與兒童能夠練習這些技巧（可以是在同一個地點的角色扮演或是在家庭工作的分派中），以及作為對未來努力之認知上的演練和準備。

社會學習理論學者和實務從業者有時候不容易和發展理情治療（RET）策略的治療者結合（Ellis, 1962, Ellis and Bernard, 1983）。理情治療法因其非常具有發展對抗與非慣性的型式，而被視為是由社會學習理論擁護者的治療者所保留。近來，情理治療已經成為心理治療和行為治療的主流上。然而，某些基本差異依然存在於社會學習的取向和情理治療中。Ellis（1980）藉由指出理情治療是問題行為（和情緒）為基礎的理念系統，而組成失調核心的癥狀來區分二者；然而認知行為取向並非要透過運用辯論的方法去修正所有的理念以及假設案主的世界，但是會因此產生更多關注的問題以及藉由特定行為的改變而設立目標。比起存在於較廣標題下的社會學習為基礎的處遇技術，理情治療對案主的影響並不是那麼清楚。理情治療的主要功能在於有系統的教導案主之勝任能力，及其假設在角色認知行為上的運用，這也使得情理治療可置於社會學習的領域中。

家庭重建者模式之使用技術層次主要的論點是在於理情治療的行為認知觀點。

社會學習實務模式

　　IFPS 的研究補充了社會工作服務提供者在執行服務時所依據的理論與實務不足或不明確的部份。很清楚地可看出，有影響力的社會服務提供者諸如家庭重建者模式的服務，是有賴於多元組成的模式，但是基本上它是一個以社會學習為主的方案。社會學習取向之家庭治療法與家庭結構治療法，家庭系統治療法等三者於同一時間發展並實施，但只有少部份的治療法延襲至今。這個工作的早期報告描述為「再計畫的社會環境」（通常是指家庭的改變）或是「父母的訓練」與「行為的修正」(behavior modification)（Patterson et al., 1967）。早期家族治療法普遍地運用在父母無法妥善管教或控制青少年行為時，但近20年來社會學習理論者所關注的標的人口為兒童。在最近的 10年中，社會學習理論的取向主要強調在家庭（例如，Fleischman, et al., 1983, Mash et al., 1976, Patterson, 1975）。一直到 1985 年兒童行為治療學報才更名為兒童和家庭行為治療。結構和系統理論者與實務上的從業者經常無法理解以社會學習為基礎的理論，而辯稱「心理動力與行為取向存在著個體的問題，且此種問題要從生態系統的觀點切入」（Tavantzis et al.， 1985：73）。這種情形到最近才有轉變，因此，社會學習理論的治療者與研究者：Gerald Patterson 這個社會學習的治療者、研究者，在最近已獲得美國家庭治療學會以及美國婚姻與家庭治療學會多數的讚賞。

　　儘管社會學習理論的策略已成功地運用在關心小孩子以及

青少年團體，但家庭成員共同分擔工作的策略仍然增加了社會學習理論的領域。與家庭在一起工作的策略也增加到了社會學習的領域（例如，Hall, 1984, Kinney et al., 1977, Patterson and Forgatch, 1987）。將社會學習理論可運用來處理親子間的衝塗（例如，Szykula et al., 1982），但是處理結果持續的變化致使問題更複雜化而產生了理論運用上的難題（Kirigan et al., 1982, Wolf et al., 1987）。但評估家庭重建者模式，可知它是用來在有青少年的家庭以及強烈信賴社會學習的概念與策略，用以檢驗社會學習取向的效能。不幸地，社會學習取向保留家族治療中的地位。在鮮少的被了解與經常錯誤的呈現下，它們經常是很難去學習。

以社會學習為基礎的家庭治療者致力於定義家庭互動的型式，以處罰家庭成員間的競爭。治療者是尋找在家庭中好經驗的低預期改變，以及提昇成員的能力以致回應彼此間相互行為的改變。當家庭成員低預期而努力改變以致獲得回應時，儘管在證據上是相反的，干預介入是關注於提出對情境再思考的運作。從理情治療中發展運用在成人的技術，可以使用在父母身上，經修正後在青少年身上也可以有增加對正面結果可能性的精確評估（DiGiusepps, 1983）。

在實務上，以社會學習本位的取向，在個案與個案之間家庭的結構是相當不一樣的（1986）。這個包括父母的訓練—其中治療者與父母和兒童一同工作以提升有效的親職關係，父母親的諮商—在其中治療者與父母一起工作，而非兒童，以及親子溝通訓練與問題解決—在其中全部家庭的成員都包括在內。或許因為社會學習取向開展了親子間的二人團體，而此取向較少關注於一般家族治療模式中，全部家庭成員自動的參與（家

族治療取向移至問題焦點而非家庭焦點的取向，並且增加了彈性）。

　　社會學習本位的處遇方案近年來開始關注在家庭功能上較廣泛社會環境或是生態學的影響。關於去循著有效、正面的親職實務學習的父母能力之社會支持影響的證據，在行爲家族治療中已經受到了鼓舞（Wahler and Dumas, 1984）。這些關於保持長期的努力去提供家庭協助，並超越臨床加以具體化，換句話說，至少是在家中以及維持一段時間的處遇。爲了要提升具體化以及維持處遇的收穫，這是需要和老師、員工、試用員工以及同儕一同工作。如此的工作可以擴展超越家庭的社會學習基礎模式的影響。然而到目前爲止，只有少數的技術是這樣子做的。

結果研究

　　在危機干預的結果研究上，慣常的家庭系統處遇以及以社會學爲基礎的家族治療補充了以家庭本位服務，其初期研究的效力。危機干預評估是無力的與無關的。家庭系統干預尚未能直接比較社會學習的干預。接下來，比較的一些點是被定義的。在明顯的討論中，危機干預在結果的研究上並未適當地概念化或是操作化。

一、危機干預的服務

　　理論價值的決定在於這樣的介入是否比起其他的理論產生較好的結果。危機干預的結果是很難以估計的，然而因爲每一

個處遇都可以定義為沒有特定事件的危機干預，以致導出處遇只不過是種危機。「危機干預既非實務亦非評估的觀點，已經發展出從危機理論或是前導假設中一致的風氣……每一個心理治療或是行為改變的系統，主要都是包括危機處理」（Auerbach, 1983：19），至少全部的危機干預承諾去干預介入危機後的早期。最完全的危機干預努力是在 Samaritan 的自殺中心。這些是混合的：早期研究指出這些中心減少了自殺的比例（Bagley, 1968），但後來高度的調查中（Jennings et al., 1978）發現沒有差異。當 Auerbach 摘要出危機干預努力的研究時，結論重申 Williams 及 Polak 的總和—沒有系統研究被測試危機干預效力作為一項技術。目前並沒有強力的理論或是評估的論述來描述危機理論，或是危機干預構成了推動 IFPS 服務的聲助。比較方案的評估需要考慮能力是否立即反應，使用「傳呼機」(beeper)以及等待名單中的缺席，促成方案結果重要的意義，而危機理論在單獨中不值得指導方案的設計。

二、系統或是結構家族治療

　　為了評估有效家族治療的取向，本章提出 Gurman 等人（1986）的作品，他們製造了百科全書般的生涯以及文獻技巧性的回顧。他們爭議於：「家族與婚姻治療的實務導致正面的結果。家族治療不再需要在經驗背景上證明它的存在。實際上，我們相信在過去的這幾年所達到的過程中提供了基礎，對於比起 1978 年我們所回顧到的研究，其系統思考與實務的要點更具信心。」（p.570）根據家族治療中眾所周知的回顧，系統的、非行為的家族與婚姻治療被視為在 2/3 的個案中是有效益的，而且它是比起沒有處遇或是一般性處遇來得好。在 Utah

州所謂青少年「犯罪」的研究中（像是目前狀態的違反者），
Parson 和 Alexander（1973）證明了家族治療的取向包含結構
和行為的要素，是優於以案主為中心的家族治療、心理動力的
家族治療以及沒有處遇的方式。

三、社會學習處遇

社會學習本位的處遇之效力已經很好地被證明了。對於有
反社會兒童的家庭來說，沒有其它的干預介入已被細心的調
查，並顯現合適的結果（Kazdin, 1984, Gruman et al., 1986）。
在整合的表格中，提供關於婚姻與家族治療中，其特殊秩序和
問題之有效的全面評估，Gurman et al（1986）定義以社會學
習本位的取向是比起結構的治療，有更多已建立的效益。社會
學習取向有可能在或是已經建立在工作上的效益，有六個失調
的類屬—產生兒童的失調、藥物濫用、青少年犯罪、婚姻的不
協調、成人的焦慮失調以及成人的精神分裂症。結構的家族治
療比起社會學習取向有更多的檢視，因為只有兩個類屬上已經
被証明有可能或是建立效益—藥物濫用以及兒童、成人身心方
面的失調。總而言之，以社會學習本位的治療干預，顯示在協
助個體或是家庭擴大其廣大範圍的家庭問題時是有力的（非僅
只有保證）。值得在回顧一提的是（Gruman et al., 1986）缺乏
了其他取向在表達家庭對孩子忽略、虐待以及錯誤處遇的直接
證據。對於兒童虐待處遇的行為取向回顧（1985）以及最近証
實的成功（例如，Reid, 1985）建議以社會學習本位的取向的
承諾。在一個幫助幫助虐待家庭的社會學習基礎的方案中，發
現成功只有在從治療者移至家庭後，因為在臨床上已證實父母
的改變並不會移轉至家庭中（Goldstein, et al., 1985）。在兒童

表 5-1　家庭系統與社會學習理論的理論假定

	家庭系統 ❶	社會學習理論
1.家庭中成員的行爲是相關並依賴於其他人。	高	高
2.每件事是多樣性的決定，而沒有人可以被責備。	高	高
3.個人心理的診斷提供處遇有用的資訊。	低	低
4.已建立的運作方式在家庭廢除前或是使用新的方式替代前，它會變成高度的反功能。	中	低
5.改變家庭負面的行爲，最好由回饋正面行爲的其他選擇來促成。	低	高
6.症狀反應了在家庭功能上的困難。	高	中
7.案主行爲結果的預期是行爲最強的決定因素。	低	高
8.家庭行爲改變的阻礙是因爲他們缺乏技巧。	低	高
9.症狀幫助維持家庭的系統。	高	低
10.危機促使改變。	中	低

❶高：在此假定上理論的信賴度是高的；中：在此假定上理論的信賴度是中的；低：在此假定上理論的信賴度是低的。

虐待家庭中，家庭系統干預的重要研究是相當缺乏的。Frankel（1988）的回顧呈現了問題以及關於虐待兒童的少數證據，根據以家庭本位的家庭服務是會獲得較好品質的照顧。

家庭系統和社會學習模式的混合

存在社會學習理論和系統理論之間的差異，會使得在實務上的不同。表 5-1 列出 10 種從文獻中而來的理論假定，可以區分家庭系統與社會學習理論，並提供每一個取向在每一個假

定上作者所給予的等級。它顯示了同意與不同意。社會學習理論比起家庭系統理論是較清楚地表達，但是家庭系統理論罕於產生假定。然而，社會學習理論者拒絕一些由家庭系統理論者所發明的一些假定─特別是建立在功能型式上的理論，而在改變的發生前變成了反功能。

家庭系統、社會學習理論者以及實務的工作者共享著許多的技術─這些通常是未察覺的。舉例來說，Tavantzis et al.（1985）描述以家庭本位的結構家族治療取向來對待在安置危機中的犯罪者。他們呼籲當多數的社會學習和以家庭本位的預防方案適當地處遇家庭為一個服務的整體時，這些計畫獲得一些從結構的、策略的以及系統的家族治療模式中的多元化。然而，在所屬問題的生態系統觀點導致安置也可以從社會學習方案手冊中複製而來：

　　……前題並非是犯罪的發生是優先於家庭中的不幸經驗……，然而，這些假定如何維持問題，比起問題的產生重要─目前的原因比起過去的更為有關。所以，所強調的是問題在於堅持在家庭生活中目前且持續的困擾面向（p.75）。

在結構家族治療學者所使用補充的程序（1981）與社會學習中的「行為分析」是相當類似的。在這個層次下，治療者幫助家庭成員了解每一個個體的行為都是附屬於其他家庭成員的回應。

家庭系統理論者呼籲避免系統混淆的重要性，因為它會引起外在協助者衝突的角色和計畫（Coppersmith, 1983）。他們

也警告治療者要試著直接去改變兒童或是提供兒童那些父母所無法提供的限制、一致性、影響與理解，因為危險正在侵蝕家庭中父母的位置（Tavantzis et al., 1985）。社會學習取向服務的提供者也同意這些關懷。

　　有許多在結構家族治療文獻上的家庭工作參考方案（Minuchin and Fischman, 1981, Colapinto, 1982）。在 Rait（1988）的研究中，只有 1%的家族治療者宣稱他們沒有指定家庭工作或是任務。然而在 Hennepin 郡計畫的治療者（AuClaire and Schnartz, 1986）就很少宣稱他們指定了家庭工作。在每一個取向上，家庭工作有不同的特色和目的。結構家族治療者使用家庭工作去改變家庭的關係，然而社會學習治療者則喜愛用家庭工作去建立技巧。舉例來說，為了要提昇父母去做決定的能力，結構家族治療者應該要求回顧每天孩子在學校的功課，來決定假若他能保證後來的特權。社會學習治療者應該鼓勵相同的行動，以確保年輕人可以從學校的工作中獲得較大滿意的回饋，因而增加之後學校成功的可能性。

　　在**表 5-2** 中列出治療的技術，按照使用的頻率，用在 Auclair 及 Schwartz（1986）的 8 個以家庭本位的結構家族治療工作者上。在表第 2 欄的比例呈現了社會學習的取向。當從相同計畫中的工作者列出曾評估家庭重建者模式訓練的項目時，他們同意有 66%的項目可以描述理想的家庭重建者模式實務，但是強烈的不同意是在於「這是工作者的工作去給予家庭成員動機」、「從不堅持全部家庭成員的參與」、「很少面對家庭成員」以及「提供包括搬家、清理及購買食品雜貨的辛苦服務」。

表 5-2　在家庭系統❶及社會學習爲基礎方案中所使用的技術

	家庭系統❷	社會學習理論
1.與家庭建立相互的信任關係。	高	高
2.認同與建立家庭強度。	高	高
3.建立父母爲權威的形象。	高	高
4.視案主爲一個人。	高	高
5.表達同理心。	高	低
6.改變家庭內的結構。	高	低
7.消除家庭的界限範圍。	高	高
8.採取非判斷性的態度。	高	高
9.引出訊息以明確處境狀況。	高	高
10.表達興趣以及回饋家庭成員以顯示他們所了解。	高	高
11.準備已寫好的契約以彰顯達到可預期目標的方法。	低	高
12.在兒童管理的技術上，提供父母訓練。	低	高
13.呈現與運作家庭的原始議題。	高	低
14.創造回饋的系統以鼓勵特定行爲的改變。	中	高
15.演練溝通或是問題解決的技巧。	低	高
16.從事特別與家庭團體的治療工作。	低	中
17.在會談期間明顯地提供家庭成員行爲的指導。	低	低
18.藉由示範預期的行爲，引導家庭成員在具體的方法下去改變行爲。	低	高
19.連結家庭在社區中幫助的資源。	低	中
20.建構治療的會談，使得家庭成員對虛幻的反功能型式互動。	低	低
21.強化（正面或負面）案主的想法或感覺。	中	高
22.在會談中覺察自己的感覺並向案主表達。	中	低
23.對家庭成員的再解釋事件給予他們其他的選擇。	中	中
24.對家庭成員鼓勵並建議可行的行動。	中	中
25.指導家庭成員方法以協助他們有效地解決問題。	中	中

❶家庭系統的等級是採自 Auclaire 及 Schwartz。

❷高：在技術上的高信賴度；中：在技術上的中信賴度；低：在技術上的低信賴度。

一、家庭系統與社會學習實務的差異

　　儘管結構家族治療與社會學習的家族治療者在實務上的相似性似乎超過了差異，但是差異是相當重要的。社會學習以及家庭系統爲基礎的處遇模式有清楚地衝突。兩個觀點的支持者發現其他取向的面向─或至少他們經常所選擇的想法─是單純的、獨特的，甚至是傷害的。或許社會學習治療者許多重要的目標，並非是結構家族治療者與其同事用來處遇案主，相反地他們重新設立案主的手段有目的證明了他們對家庭的掌握。家庭系統的實務工作者會面臨藉由吸收家庭的強度使之充權，而且社會學習取向趨向貶低案主，藉由假定他們缺乏問題解決的技巧。此外，他們也爭論包括權力與控制基本要素的干預介入。而且除非是任何治療者控制的使用是優先於加入家庭的努力，以及透過溫暖、同理、真誠的示範來發展正面的聯結，如此家庭才有可能有正面的結果（Wells, 1981）。實際上，在 Auclaire 及 Scheartz 的治療者宣稱表達同理以及參與爲他們最頻繁的活動。

　　有時候，在這些取向之間的差異是相當顯著的。一個家庭重建者模式的治療者可能在有電視的客廳中舉行家庭會談，保持愉快地開始談話，並且聆聽過去。結構家族治療者可能告訴家庭成員關掉電視，移至廚房的餐桌，而治療者希望他們坐在那邊。家庭重建者模式的治療者讚賞這種自然的評估方式來定義可教導的要素，以及建立在學院取向爲基礎的關係。結構家族治療者尋求對家庭會談更多的控制。

　　許多家庭系統的治療者拒絕社會學習的技巧，諸如教導父

母使用「暫停」（time out），以及發展問題要點與回饋的系統以增加兒童正面的行動。這或許要考慮混雜的取向，這樣無法有持續的影響，除非是在家庭系統的面向上有更完整的改變。諸如這些策略應該被家族治療者考慮，因為他們忽略了干預家庭系統，沒有導致家庭成員去認知需要去重新定立家庭的規則，重新描繪家庭的界限範圍，或是重新分配家庭的權力。假若家族治療者使用時間終止的話，他們很少會經歷到細節的程序，這樣會宣稱反功能的家庭結構，而非技巧的不足。

二、生態的與非生態的：那是個問題嗎？

在家庭系統或是社會學習本位取向的指導下的治療者實際實務的運作，若根據他們對於生態系統模式的理論，會有很明顯的差別。生態導向認為個體是無法分開地瞭解與環境的處理（參見 Germain and Gitterman, 1980, Maluccio, 本書第六章），它是鼓勵案主處理環境技巧的評估，以及提出干預介入以減化環境的提供物與案主需求之間的不適應。儘管幾乎每一個實務工作者期待這個目標並將它傳佈，但是有很多廣泛不同的觀點在於治療者直接改變環境的原則性工作，或是建立家庭的能力。

既非社會學習理論，亦非家庭系統理論，對於家庭為接近安全和健康生活之基本資源的家庭功能有明確的影響。儘管在家族治療學者中的 Aponte（1976）以及社會學習研究者中的 Wahler 和 Graves（1983）釐清了在家庭內的處遇上對家庭外力量的重要性，沒有明確優先性的事情在表達住宅、經濟協助與教育等那些治療者觀點所衍生的問題。在面對環境的壓迫上，他們沒有詳細的技術。儘管家庭系統取向能夠擴大至生態

的取向（Hartman, and Laird, 1983），以及社會學習理論也能
夠應用至倡導和達到社區的改變（Weisner and Silver, 1981），
這些應用無法提升這些理論所衍生出來的處遇取向。結果，許
多在方案中的治療者使用了結構家族治療的模式，無法伴隨著
案主去使用服務的劃分，或是參加兒童特殊教育個人教育的計
畫（individual educational plan）的會議。他們可能認為成功地
面對困難的案主能力是要在家族治療會談中所評估與提升的。
有相同理論類型的其他治療者有力地參與直接影響這些環境資
源，並視這些行動與擴展家庭系統的觀點是一致的（Aponte,
1976）。執行生態的模式需要假定如教師、協調者、倡導者與
組織者等實務的角色（Germain and Gitterman, 1980）。社會學
習為基礎的取向詳細陳述了對教導與協調的技術，但是提供很
少關於倡導與組織技巧的指導。

這些考慮理論中，生態本位的干預介入有最高的關懷層
次，它可以展現家庭或是兒童功能上環境的衝擊。連結家庭、
學校、社區的干預介入努力的需求，在理論上是非常明顯的
（Garbarino, 1982）。生態模式強調去決定達成家庭目標的方
式而不是修正家庭的結構或是對家庭的互動提供新的技巧。然
而教導技巧與生態的觀點是一致的（Barth, 1986, Whittaker et al.,
1986），家庭結構或是技巧的改變不能夠假定必然在全部的方
案中獲得家庭的目標。實際上，一些長遠和成功的積極性為基
礎的服務方案，像是在 California 州的緊急家庭照顧方案，投
資了他們干預活動的大部份，以連結家庭的需求資源與少數他
們改變案主行為的努力，這是經由家族治療或是社會學習為本
位的取向。他們不假定家庭缺乏技巧或是有反功能的家庭結
構。

結 論

　　由於缺乏在積極性家庭維繫模式服務的研究比較，要如何做方案的計畫者、參與者以及教育者決定於理論的使用指導他們干預的努力？一個取向假定了家庭處遇相同的意義以及包括了品味的態度。Worthington（1987）扮演了改變在於計畫不同家庭處遇取向成功可能性的主題，這些取向依靠著家庭對改變的回應與干預模式的交集。然而，結果顯示了在沒有處遇比較的團體上，家庭、兒童與成人的改善似乎比起其他的取向來說，以社會學習本位的干預有一致性的印象（Casey and Berman, 1985, Gurman et al., 1986, Pecora et al., 1987）。然而，我們能夠確定這些比較將無法真實地改變所面對的家庭保護服務。就發展上來說，這個領域是個長遠的路，從決定最好單獨的面向，或是混合家庭系統、社會學習和生態的干預介入為最為有效的。沒有一個理論是錯的—他們全都只是不完整。所以這是家族治療共同的差異。

　　舉例來說，家庭系統治療者進一步在合併發展的取向到他的工作中，比起社會學習的治療者，他沒有經常表達個體發展或是家庭生命週期的議題到他的工作中（比較 Harris and Ferrari, 1983）。家庭發展的過程使得家庭系統通過可預期的生命階段，涉入了處理環境需求的新方法（Carter and McGoldrick, 1980）。家庭在通過了許多改變的點之後（例如第一個小孩上學或是青少年的挑戰），有著改變的能力，而家庭系統也會失敗在相同點上面的運作。同時，家庭系統也會從外在的干預介入範圍獲

得益處，以幫助他們走回軌道。「理論的架構允許家族治療者去視問題爲呈現在家庭中，爲一種家庭改變下的崩潰」（Koman and Stechler, 1985：7）。目前，家庭發展的模式有一些支持的資料，以及大量提供家庭成員處理發展上進退維谷時，考慮問題的自行發現。然而，他們提供在工作發展過程中有用的提醒，以及對干預介入的幫助。而發展家庭的概念比起移除歷史家庭模式的家庭更爲有用。家庭系統/結構以及以社會學習本位的模式應該更留心於發展的理論，並努力定義有小孩子的家庭中，什麼樣的年齡既可以在什麼樣的型式或是層次的干預中獲得最好的益處。

社會學習取向提供家庭一些協助，因爲他們使用較多行爲改變的策略。就可明顯觀察到的，許多家族治療核心的根本要素被社會學習治療者所使用。但是，社會學習治療也喜歡使用父母訓練、教導暫停策略、發展合約、協助案主去認知重構以及訓練案主自我管理的技巧。改變家庭能力取向已證實能力不能被否定─然而他們通常被家族治療者忽略。從生態理論出來以及鼓勵連結正式與非正式資源的方案有額外的與有價值的價值。

家族治療的歷史相當接近於家庭系統理論。對高危機家庭的家族治療現在正在危機中，它變成是過份由家庭系統理論所掌控，這樣排除了社會學習與生態的措施。這樣的排除是基於不足的理論背景，以及忽視了這些程序給家庭作爲自我規範、自主之新工具的可能性。家庭行爲可行的理論簡單到不足以證明規則是在已經證實有效的技術使用之外。

結構家族治療者的挑戰是從社會學習的文獻中，合併有用的行爲改變技術。典型的例子爲燒燙傷的處遇─這個問題的起

源自立即家庭外安置的需求。儘管在 Montalvo 的報告顯示結構家族治療可以幫助兒童面臨燒燙傷，這是清楚可被檢驗的社會學習的報告以及評估處遇燒燙傷者的程序（參見 Barth, 1986）。家族治療的教育者必須努力與技術親近，並教導家族治療者整合技術到家庭工作中。

當呼籲整合社會和認知技術到全面的實務時，作者關心社會學習本位取向將被視為技術的，而非理論為基礎的取向。社會學習和家庭系統取向二者應變成技術的，只要是治療者尋找一個確定的技術在確定的家族治療眾多的技術中，而非應用單一的介入干預，是立基於完全的評估以及彈性的干預介入程序，受到家庭的興趣、能力以及需求的鼓舞。社會工作教育者和訓練者奠定好的根基，而在個體行為改變的心理學學生也完成他們家庭系統的導向。同時，以社會學習本位的治療者也整合發展和生態的理論到他們的工作中。

提供積極性家庭維繫服務是治療者著手進行一項挑戰性的活動。核心的幫助技巧是相同於家庭系統和社會學習的取向，能夠使家庭變得不一樣—尤其是假若他們能夠加強家庭工作的生態觀。家庭系統理論、社會學習理論、生態理論以及很多從他們衍生出來的技術，通常是完成的以及合適的。當他們的支持開始吸取其他的資源，這個領域將變成有希望的年代。

教導和研究的應用

社會工作教育將朝向提供實務模式和技術，以協助家庭在一起及成功。生態學的模式、結構家族治療、任務中心實務以

及甚至社會學習本位的干預介入會獲得更大的流行。許多的議題需要解釋以及引導。然而，在完成前將導致發展家庭維繫服務。這些包括：

- 發展模式以評估家庭短期危機的安置需求，以及評估全部孩子的童年與青少年階段處於不適任父母的危機；
- 釐清好的策略，以協助案主變成是個案的管理主與行為的改變者；
- 整合社會學習和人類發展的模式，以致生活影響的知識可以更佳地使用來協助案主改變他們的環境；
- 明白表達技能訓練的潛能與限制—什麼家庭將會學到親職或是自我管理的技巧，該教導他們用什麼樣的方式？
- 以生態及社會學習理論的方式教導個人對心理精神病評估；
- 保持生態的和家庭系統的理論，從一點點的意義到可以影響每件事。

研究的挑戰不再是重要。經驗研究中服務時間的不同需要給予理論和證據來支持短期干預的持續效果，這並非有說服力。在目前的知識中，甚至在家庭維繫服務的描述性研究中都是值得的。效果可以表達在下列促成家庭和兒童福利研究的重要結果上：

- 什麼是同時忽略有年輕單身母親以許多年幼子女家庭的結果？
- 是否在等待名單中之家庭的結果不同於已經受到許多立即的服務？

- 什麼是家庭接受許多 IFPS 服務的結果？
- 根據一般性 IFPS 服務的結論，有多少的好處是家庭可以參考較少主導觀點的 IFPS 服務中所獲得？

參考書目

Aponte, H. J. (1976). The family school interview: An ecological approach. *Family Process, 15,* 303–311.

AuClaire, P., and Schwartz, I. M. (1986). *An evaluation of the effectiveness of intensive home-based services as an alternative to placement for adolescents and their families.* Minneapolis: University of Minnesota, Hubert H. Humphrey Institute of Public Affairs, Center for the Study of Youth Policy (mimeo.).

Auerbach, S. M. (1983). Crisis intervention research: Methodological consideration and some recent findings. *In* L. H. Cohen, W. L. Claiborn, and G. A. Specter (Eds.), *Crisis intervention,* 2nd ed. New York: Human Sciences Press.

Bagley, C. (1968). The evaluation of a suicide prevention schema by an ecological method. *Social Science and Medicine, 2,* 1–14.

Bandura, A. (1977). *Social learning theory.* Englewood Cliffs, NJ: Prentice-Hall.

Barth, R. P. (1986). *Social and cognitive treatment of children and adolescents.* San Francisco: Jossey-Bass.

Barth, R. P., Blythe, B. J., Schinke, S. P., and Schilling, R. F. (1983). Self-control training for child abusers. *Child Welfare, 62,* 313–324.

Bateson, G., Jackson, D. D., Haley, J., and Weakland, J. (1956). Toward a theory of schizophrenia. *Behavioral Science, 1,* 251–264.

Behavioral Sciences Institute. (1981). *First year Homebuilder mental health project report.* Tacoma, WA: Author.

Bloom, B. L. (1980). Social and community interventions. *Annual Review of Psychology, 3.1,* 111–142.

Bodin, A. M. (1981). The interactional view: Family therapy approaches of the Mental Research Institute. *In* A. S. Gurman and D. P. Kniskern (Eds.), *Handbook of family therapy,* pp. 267–309. New York: Brunner/Mazel.

Bowen, M. (1978). *Family therapy in clinical practice.* New York: Jason Aronson.

Brim, O., and Kagan, J. (Eds.). (1980). *Constancy and change in human development.* Cambridge: Harvard University Press.

Caplan, G. (1964). *Principles of preventive psychiatry.* New York: Basic Books.

Carter, E., and McGoldrick, M. (1980). *The family life cycle.* New York: Gardner.

Casey, R. J., and Berman, J. S. (1985). The outcome of psychotherapy with children. *Psychological Bulletin, 98,* 388–400.

Colapinto, J. (1982). Structural family therapy. *In* A. M. Horne and M. M. Ohlsen (Eds.), *Family counseling and therapy.* Itasca, IL: F. E. Peacock.

Coopersmith, E. I. (1983). The family and public service systems: An assessment method. *In* B. P. Keeney (Ed.), *Assessing in family therapy.* Rockville, MD: Aspen.

Darbonne, A. (1967). Crisis: A review of theory, practice and research. *Psychotherapy:*

Theory, Research and Practice, 4, 49–56.

DiGiuseppe, R. A. (1983). Rational–emotive therapy and conduct disorders. *In* A. Ellis and M. E. Bernard (Eds.), *Rational-emotive approaches to the problems of childhood.* New York: Plenum.

Ellis, A. (1962). *Reason and emotion in psychotherapy.* Secaucus, NJ: Lyle Stuart & Citadel.

Ellis, A. (1980). Rational–emotive therapy and cognitive behavior therapy: Similarities and differences. *Cognitive Therapy and Research, 4,* 325–340.

Ellis, A., and Bernard, M. E. (Eds.). (1983). *Rational-emotive approaches to the problems of childhood.* New York: Plenum.

Ellis, E. M., Atkeson, B. M., and Calhoun, K. S. (1981). An assessment of long-term reaction to rape. *Journal of Abnormal Psychology, 90,* 263–266.

Erikson, E. H. (1959). *Identity and the life cycle* (Psychological Issues Monograph 1). New York: International Universities.

Everstine, D. S., and Everstine, L. (1983). *People in crisis: Strategic therapeutic interventions.* New York: Brunner/Mazel.

Fleischman, M. J., Horne, A. M., and Arthur, J. L. (1983). *Troubled families: A treatment approach.* Champaign, IL: Research Press.

Frankel, H. (1988). Family-centered, home-based services in child protection: A review of the research. *Social Services Review, 562,* 137–157.

Garbarino, J. (1982). *Children and families in the social environment.* New York: Aldine.

Gaudin, J. M., and Kurtz, D. P. (1985). Parenting skills training for child abusers. *Journal of Group Psychotherapy, Psychodrama and Sociometry, 38,* 35–54.

Germain, C. B., and Gitterman, A. (1980). *The life model of social work practice.* New York: Columbia University.

Goldstein, A. P., Keller, H., and Erne, D. (1985). *Changing the abusive parent.* Champaign, IL: Research Press.

Gurman, A. S., Kniskern, D. P., and Pinsof, W. M. (1986). Research on the process and outcome of marital and family therapy. *In* S. L. Garfield and A. E. Bergin (Eds.), *Handbook of psychotherapy and behavior change* (3rd ed.). New York: Wiley.

Haley, J. (1963). *Strategies of psychotherapy.* New York: Grune & Stratton.

Hall, J. A. (1984). Empirically based treatment for parent-adolescent conflict. *Social Casework, 65,* 487–495.

Harris, S., and Ferrari, M. (1983). The developmental factor in child behavior therapy. *Behavior Therapy, 14,* 37–53.

Hartman, A., and Laird, J. (1983). *Family-centered social work practice.* New York: Free Press.

Janis, I. L. (1969). Some implications of recent research on the dynamics of fear and stress tolerance. *Social Psychiatry, 47,* 86–100.

Jennings, C., Barraclough, B. M., and Moss, J. R. (1978). Have the Samaritans lowered the suicide rate? A controlled study. *Psychological Medicine, 8,* 413–422.

Jones, M. A., Neuman, R., and Shyne, A. W. (1976). *A second chance for families: Evaluation of a program to reduce foster care.* New York: Research Center, Child Welfare League of America, Inc.

Kazdin, A. E. (1984). Treatment of conduct disorders. *In* J. Williams and R. Spitzer (Eds.), *Psychotherapy research: Where are we and where should we go?* New York: Guilford.

Kendall, P. C., and Braswell, L. (1985). *Cognitive-behavioral therapy for impulsive children.* New York: Guilford.

Kinney, J. M., Madsen, B., Fleming, T., and Haapala, D. A. (1977). Homebuilders: Keeping families together. *Journal of Consulting and Clinical Psychology, 45,* 667-673.

Kirigin, K. A., Braukman, C. J., Atwater, J. D., and Wolf, M. M. (1982). An evaluation of teaching-family (Achievement Place) group homes for juvenile offenders. *Journal of Applied Behavior Analysis, 15,* 1-16.

Koman, S. L., and Stechler, G. (1985). Making the jump to systems. *In* M. P. Mirkin and S. L. Koman (Eds.), *Handbook of adolescents and family therapy.* New York: Gardner.

Krouse, H. J., and Krouse, J. H. (1982). Cancer as crisis: The critical elements of adjustment. *Nursing Research, 31,* 96-101.

Lewis, M. S. (1982). Topological relationships among crisis variables. *Psychotherapy: Theory, Research and Practice, 19,* 289-296.

McCubbin, H. I., and Patterson, J. M. (1983). Family transitions: Adaptations to stress. *In* H. I. McCubbin and C. R. Figley (Eds.), *Stress and the family: Volume I: Coping with normative transitions.* New York: Brunner/Mazel.

Mahoney, M. J. (1974). *Cognition and behavior modification.* Cambridge: Ballinger.

Mash, E. J., Handy, L. C., and Hamerlynck, L. A. (Eds.). (1976). *Behavior modification and families: Theory and research,* Vol. 1. New York: Brunner/Mazel.

Minuchin, S. (1974). *Families and family therapy.* Cambridge: Harvard University.

Minuchin, S., and Fischman, H. C. (1981). *Family therapy techniques.* Cambridge, MA: Harvard University.

Minuchin, S., Montalvo, B., Guerney, B., Rosman, B., and Schumer, F. (1967). *Families of the slums.* New York: Basic Books.

Minuchin, S., Rosman, B. L., and Baker, L. (1978). *Psychosomatic families: Anorexia nervosa in context.* Cambridge: Harvard University.

Parsons, B. V., and Alexander, J. F. (1973). Short term family intervention: A therapy outcome study. *Journal of Consulting and Clinical Psychology, 41,* 195-201.

Patterson, G. R. (1975). *Families.* Champaign, IL: Research Press.

Patterson, G. R., and Forgatch, M. (1987). *Parents and adolescents: Living together. Part I: The Basics.* Eugene, OR: Castalia.

Patterson, G., McNeal, S., Hawkins, N., and Phelps, R. (1967). Reprogramming the social environment. *Journal of Child Psychology and Psychiatry, 8,* 181-195.

Pecora, P. J., Fraser, M. W., and Haapala, D. (1987). *Defining family preservation services: Three intensive home-based treatment programs* (Research Report #1, Grant #90-CW-0731/01, Office of Human Development Services). Salt Lake City: Social Research Institute.

Rabkin, R. (1977). *Strategic psychotherapy.* New York: Basic Books.

Rait, D. (1988). Survey results. *The Family Therapy Networker, 12,* 52-56.

Ray, C. (1978). Adjustment to mastectomy: The psychological impact of disfigurement. *In* P. C. Brand and P. A. Van Keeps (Eds.), *Breast cancer: Psychosocial aspects of early detection and treatment.* Baltimore: University Park Press.

Reid, J. B. (1985). Behavioral approaches to intervention and assessment with child abusive families. *In* P. H. Bornstein and A. E. Kazdin (Eds.), *Handbook of clinical behavior therapy with children.* Homewood, IL: Dorsey.

Rogers, C. (1957). The necessary and sufficient conditions of therapeutic personality change. *Journal of Consulting Psychology, 22,* 95-103.

Rogers, C. (1961). *On becoming a person.* Boston: Houghton Mifflin.

Satir, V. (1967). *Conjoint family therapy,* rev. ed. Palo Alto, CA: Science & Behavior Books.

Satir, V. (1982). The therapist and family therapy: Process model. *In* A. M. Horne and M. M. Ohlsen (Eds.), *Family counseling and therapy.* Itasca, IL: F. E. Peacock.

Showell, W. H. (1988). Adoptive families use FT well, according to Oregon findings. *Family Therapy News,* January–February, p. 4.

Stanton, M. D. (1981). Strategic approaches to family therapy. *In* A. S. Gurman and D. P. Kniskern (Eds.), *Handbook of family therapy,* pp. 361–402. New York: Brunner/Mazel.

Stanton, M. D., and Todd, T. C. (1979). Structural family therapy with drug addicts. *In* E. Kaufman and P. Kaufman (Eds.), *The family therapy of drug and alcohol abuse.* New York: Gardner.

Szykula, S. A., and Fleischman, M. J. (1985). Reducing out-of-home placements of abused children: Two controlled field studies. *Child Abuse and Neglect, 9,* 277–284.

Szykula, S. A., Fleischman, M. J., and Shilton, P. E. (1982). Implementing a family therapy program in a community: Relevant issues on one promising program for families in conflict. *Behavioral Counseling Quarterly, 2,* 67–79.

Tavantzis, T. N., Tavantzis, M., Brown, L. G., and Rohrbaugh, M. (1985). Home-based structural family therapy for delinquents at risk of placement. *In* M. P. Mirkin and S. L. Koman (Eds.), *Handbook of adolescents and family therapy,* pp. 69–88. New York: Gardner.

Wahler, R. G., and Dumas, J. E. (1984). Changing the observational coding styles of insular and noninsular mothers: A step toward maintenance of parent training effects. *In* R. F. Dangel and R. A. Polster (Eds.), *Parent training,* pp. 379–416. New York: Guilford.

Wahler, R. G., and Graves, M. G. (1983). Setting events in social networks: Ally or enemy in child behavior therapy? *Behavior Therapy, 14,* 19–36.

Watzlawick, P., Weakland, J., and Fisch, R. (1974). *Change: Principles of problem formation and problem resolution.* New York: W. W. Norton.

Weisner, S., and Silver, M. (1981). Community work and social learning theory. *Social Work, 26,* 146–150.

Wells, R. A. (1981). The empirical base of family therapy: Practice implications. *In* E. R. Tolson and W. J. Reid (Eds.), *Models of family treatment,* pp. 248–305. New York: Columbia University.

Whittaker, J. K., Schinke, S. P., and Gilchrist, L. D. (1986). The ecological paradigm in child, youth, and family services: Implications for policy and practice. *Social Service Review, 60,* 483–503.

Williams, W. V., and Polak, P. R. (1979). Follow-up research in primary prevention: A model of adjustment in acute grief. *Journal of Clinical Psychology, 35,* 35–45.

Wolf, M. M., Braukman, C. J., and Ramp, K. A. (1987). Serious delinquent behavior as part of a significantly handicapping condition: Cures and supportive environments. *Journal of Applied Behavior Analysis, 20,* 347–359.

Wolfe, D. A., and Sandler, J. (1981). Training abusive parents in effective child management. *Behavior Modification, 5,* 320–335.

Worthington, E. L. (1987). Treatment of families during life transitions: Matching treatment to family response. *Family Process, 26,* 295–308.

Shin, Y. (1987). *Gujaeb jeob-adong-e uelhad siseolbo sooyang.* Seoul: Boeun.

...

...

...

...

...

第六章
家庭維繫服務與
社會工作實務程序

Anthony N. Maluccio

在社會工作史上，每隔一段時間，總會有人重新強調社會工作專業與家庭相關的傳統使命，尤其是兒童福利、家庭服務和心理健康等。如我們在第一章提過的，目前這些課題對多問題或高危險群家庭，愈來愈著重在家庭維繫服務(family preservation service)，或者家庭本位—家庭中心的規劃(home-based, family-centered programs)(例如Bribitzer and Verdieck, 1988)。

依照這種說法，家庭維繫的社會工作實務，應該特別列入社會工作研究所的課程，培育優秀的社工人員，強化家庭功能，預防不必要的將兒童或青少年離家安置(out-of-home placement)。在這個前提下，本章將探討達成這個綜合目標的方法，特別是實務步驟，以及觀念、知識和技巧等，與專業的家庭維繫服務最相關的概念。

價值、知識領域和技巧

本書若干章節已深入討論價值、知識領域和技巧等，一般成功的家庭維繫服務所必備的條件，尤其是對「家庭重建者」(Homebuilders Model)模式來說。這些章節涵蓋了社工教育的大部分內容；其他章節則探討家庭維繫服務的問題。

在此，我們複習社工人員必須熟知的中心議題和內容，以便深入多問題或高危險群家庭的家庭保護服務工作。我們強調的重點是價值、信念和態度；知識領域和方法觀點；技巧或能力。

一、價值、信念和態度

Kinney等人(本書第三章)曾討論多種影響「家庭重建者」模式運用策略的觀念、信念和態度。大體上，這些可視爲家庭保護實務的指導原則，包括：

- 把焦點放在家庭，將之視爲扶助或關注的單元；
- 尊重每個家庭成員，相信其能力和潛能，有向上、向善的驅力、有改變的能力；
- 強調工作人員輔導及協助家庭成員處理事情的角色，而非「治療他們」；
- 以了解和與該家庭共同努力的立場，改病態、殘缺導向爲健康、成長導向；
- 向家庭成員灌輸希望，挹注動機；
- 在協助的過程中，將案主視爲同事或夥伴；
- 培養該家庭有自己作主的能力；
- 評估文化歧異；
- 支持其他社工人員協助家庭的努力。

二、知識領域和理論觀點

以上勾勒的價值、信念和態度，是由多種知識和方法共同支撐的：包括心理學、社會學、生物學、人類學等等。Barth(本書第五章)評論了幾種指導家庭本位服務的理論：(1)特別是危機處遇，強調當人們遭逢危急而適時獲得迅速且專注的幫助時，願意改變的可能性；(2)家庭體系理論，後來衍生出多樣的家庭治療模式；(3)社會學習理論，提供多種技巧的教導策

略，如怎樣爲人父母。

除了以上所舉的理論，「家庭重建者」和其他家庭保護模式各反映出不同的觀點，雖然它們並非由模式發展者或倡議者直接描繪出來。這些觀點包括：

- 社會生態學的觀點(ecological perspective)，提供寬廣的視野，從大環境的氛圍，分析人類行爲和社會功能。這種觀點得自於生態學、系統學、人類學和組織學(Bronfenbrenner, 1979; Germain and Gitterman, 1980; Whittaker et al., 1986.)；

- 發展學的觀點(developmental perspective)，提供參考架構，了解家庭與其成員依其自身的願望、需要和特質，和一般個人和家庭的人生目標和需要的異同。這種觀點得自於家庭生活週期的進程和困境，以及個人成長、發展的生物心理社會學的原則；

- 能力核心的觀點(competence-centered perspective)，強調人類具有在困境中解決問題的內在驅力。這種觀點支持宣揚兒童、父母和家庭功能的實務方法和策略。這種觀點得自於本我心理學、動能心理心理學(psychodynamic psychology)，以及學習的、發展的與家庭體系理論(Maluccio, 1981) ；

- 長久規劃的觀點(permanency-planning perspective)，贊成將兒童留在原家庭，或者如屬必要，將他們長久留在其他家庭。長久規劃的觀念，強調兒童在家庭裡成長的重要性；理論的觀點強調，穩定且持續的人際關係有助於兒童的成長和社會適應；規劃的設計和方法著重契約

履行、決議和目標設定(Maluccio et al, 1986)。

　如圖**6-1**所示，社會生態的、發展的、能力的和長久規劃的觀點，形成一個統合的、以家庭爲核心的兒童福利實務架構。這個架構似乎非常符合家庭保護實務的需要，並且提供了一個理論的支持和準則。其方法如下：

1. 儘可能地將家庭視爲服務或關心的單元。人類在他們最重要的環境裡，能獲得最深刻的了解和最多的幫助，家庭便是其中最親密的環境。在家庭中，兒童發展並形成他們的自我認同和處事能力。其他衍生的證據顯示，兒童發展的過程中，歸屬感、與家庭的連繫、與父母關係的延續等所扮演的重要角色。甚且，在人生

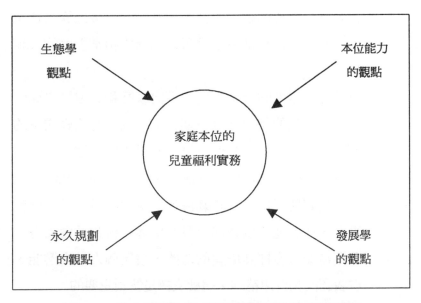

圖6-1　家庭爲核心的兒童福利實務統合架構圖

週期的不同階段，家庭可以提供可能的資源，尤其當它的成員有不同服務的支援(Hartman and Laird, 1983)。

2. 將父母和孩童放在個人在環境(person-in-environment)框架中。換言之，如同置身在一個與人、與環境相互進行的、動能的輪替中，以及持續的成長和適應的過程。或者說，將家庭成員視為一個「開放系統」，對於解決生活中的需求或環境的挑戰，能立即反應並主動處理(Germain and Gitterman, 1980)。

3. 了解家庭體系，家庭成員和他們所處環境的關係、重要的支持來源，以及他們遭遇的壓力和衝突(Garbarino, 1982; Whittaker and Garbarino, 1983)。社工人員可以用更客觀的方式，評估影響父母和孩童複雜的人為和環境因素，達成更適切的治療計畫或建議。

4. 鑑賞不同種族和文化的特質、風格和需求，以便提供符合文化差異的社工服務，尤其是對少數民族的孩童或家庭，他們經常占了兒童福利機構相當程度的業務量。

5. 將具專業水準的社工扶助，導向家庭和其環境之間的互動。社工的努力不應只期望父母或其他家庭成員的改變，更重要的是整個家境的轉變；如此這份付出才更有效，更具支撐力(Germain and Gitterman, 1980)。甚者，最好能提供維繫和刺激每位家庭成員成長、自我實現，並對他人創造出貢獻的環境機會和社會支持。若期待家庭發揮其培育的功能，發展個人最大潛能、自我認同和自律精神，這種支持是絕對重要的。

三、技巧和能力

以上所列舉的價值、態度、知識領域和方法觀點，足以支撐家庭保護所需要的其他技巧和能力。這是Kinney等人(本書第三章)在「家庭重建者」模式上特別強調的；也是Jackson(1987)和Lloyd(1984)在其他模式上強調的。

深究必要的技巧並不在本章討論之列，讀者可逕自參考上列的著作。爲了說明起見，列出社工訓練教育或其他人群服務裡，必須加強和培育的能力或技巧，可能是有助益的：

- 評估並善用家庭力量；
- 評估、調整並善用環境；
- 評估嚴重的疾病、慢性藥物濫用及暴力行爲的可能性；
- 設定目標，包括經過審慎評估後，設定清楚、明確且可達成的目標；
- 利用時間架構(time frame)和時限；
- 作決定；
- 和家庭訂定契約；
- 結合具體的和臨床服務；
- 利用正式及非正式的資源；
- 教導生活上的技巧，尤其是爲人父母、解決問題、談判、溝通、行爲節制和情緒管理；
- 和其他種類服務的提供者通力合作；
- 了解並配合各種兒童福利規劃的政策、規範及程序的運作情況；
- 爲因應各個家庭的需要，量身打造不同的服務，個人涉

入的程度、影響的層次、場所以及採用的策略；

- 提供危機處遇(crisis intervention)服務；
- 提供積極性的服務；
- 對家庭直接或間接提出的請求迅速予以協助；
- 融入案主家庭的情境中；
- 以終止服務作為強化家庭體質的手段，在必要的時候，並以加強聯絡網和委託的方式持續服務。

直接實務課程的涵意

以上所列舉的價值、知識領域和技巧，都以某種形式，列在社工研究所的直接實務課程裡。這並不令人驚訝：長久以來，這些內容就被視為培育社工人員的必要課程，姑且不論他們可能特別感興趣的專業科目或機構環境。

典型的社會工作課程，至少要包括讓學生順利從事某種家庭保護實務模式，所必須知道的基本概念。當然，這並不意謂學生畢業時，一定是照著這麼做。為了以更高水準的能力從事家庭保護工作，還有更多事情是必須的。尤其，學生需要從旁的協助，將價值、知識和技巧以持續、負責且有效的方式，融入他們的工作實務中。

欲達到這個目的，課程上必須對某種或多種家庭維繫實務模式，有系統性的訓練。這需要Whittaker和Tracy(本書第一章)所強調的「研討整套實務方法的價值，如同目前執行的情況：治療技巧、組織/行政、知識基礎和評估」，而不是學得五花八門、各種模式或方法的零碎片斷。這種系統性的訓練，和目

前社工研究所課程，普遍對各種實務模式通盤簡介，而蜻蜓點水式的灌輸方法是不同的。

當然，後者有助於學生對各種實務模式及理論根據，有通盤的了解，但它也有其局限：如淡化重要內容、強調的課題不均、實務策略及理念零碎、見樹不見林，以及對特定模式的實際運用熟悉度不足，或者說，不夠專業。總而言之，通論式的教學導致學習者知識和觀念上的游移；專論式的教學可以培養技巧，並且在知識和價值上有具體收穫。

專論與通論的爭議在其他的社工課程裡，如少數族群、婦女和種族問題等，持續熱烈討論。以現今的政治情況和課程結構來看，目前最實際的方法，還是在社工研究所裡，提供不同的教授和學習家庭保護工作的管道。因此，在本章接下來的部分，我們將討論以下的課題和策略：(1)透過課堂教學，授予家庭維繫實務；(2)把家庭維繫實務工作當作一種專業。

一、家庭維繫教學

雖然「通論式」的方法有其局限，但仍可運用在社區的機構中，達到強化家庭維繫服務的多種目的。包括讓學生更深切感受家庭維繫重要的價值和概念；經由傳授篩選過的家庭維繫技巧和技術，豐富學生與不同案主群的實務經驗；幫助學生在既有的知識基礎上，融入新的課程；激發學生對家庭維繫領域深入專業研究的興趣。

• 教學機會

不論學校組織的本質為何，直接的實務課程，藉由介紹或強調與家庭維繫相關的內容，能提供不少幫助學生達成以上目標的機會。舉例如下：

人類行為和社會環境兩項課程，可提供一個深厚的基礎，宣導家庭在人類發展上的重要性，另外，也會提到家庭結構、功能和發展。這類的課程等於強調了家庭維繫的價值，也灌輸學生一種信念：避免不必要地將孩童離家安置。此外，課程中也可能強調如貧窮、種族問題等為家庭帶來壓力的因素；以及強調促使家庭，尤其是父母，擔負起他們的角色功能的社會共鳴(Bronfenbrenner, 1979; Garbarino, 1982)。

研究課程也可以帶進相關範疇的研究範例，如離家安置的預防、受虐兒童的預防及治療、失親或離家安置對親子的影響、家庭本位的處遇規劃評估，包括「家庭重建者」模式的有效性。透過審視這些研究規劃的研究和參與，學生有能力以家庭維繫的概念，檢視自己的實務狀況和機構的規劃。如此一來，他們可以向前邁進一步，以更多的知識為基礎；不只從高危險群家庭，也從一般的案主，獲得更多的實務經驗。

社會福利政策與服務的課程，可以進一步促使學生檢驗機構的實務和服務過程，以及各種不同家庭維繫模式的價值精神。檢視的範圍從與家庭相關的行政政策分析和規劃，到社區服務系統分析、甚至是某個特定機構的規劃評估。

此外，如Pecora (本書第七章)所指出的，個別的規劃，如「家庭重建者」，可以當成一個研究個案，探討施行家庭維繫的努力中，可能浮現的問題和機會。學員可藉此學習相關機構該如何改變，以便更能支持家庭維繫的目的和價值。對修直接服務課程的學生來說，這是必要的，因為這能讓他們體認結構性和組織性的利弊，與對參與特定家庭實務時的影響。

直接實務課程—不論其是否與統合實務、特定的方法或者正式的專業或專職組織，均能提供加強家庭維繫實質內容的機

會。這些機會透過研究課程、人類行為、社會環境、社會福利政策和服務等系列課程，都可以獲得。

　　家庭維繫的要素之一是每位直接參與實務的學生都應具備某種家庭保護的專長。老師可以選擇某件有兒童離家安置之虞的家庭個案作為範例。這類個案在兒童維繫服務和其他兒童福利案件中屢見不鮮；但他們也散見於各種實務情境：包括身體和心理健康、青少年犯罪、心智障礙、收入維持和學校等場合。

　　這些個案可以提供豐富的機會，教導一般家庭實務所需要的價值和能力。它們也可以用來強調多種原則和策略，如互定契約、設定目標、加強家庭自主能力和傳授技巧，這些都是「家庭重建者」和其他模式的核心課題。個案討論可以把焦點放在家庭本位服務相關的種族問題，學生可藉此體會和處理在家庭調停中可能發生的種族難題。

　　實務課程的教學必須有適當的田野工作經驗相輔相成。在多數的田野場合，學生經常面對有兒童或青少年將被隔離安置的家庭。在這種情況下，學生必須面臨課堂上理論所概括的真實困境：如評估符合兒童需要的家庭能力、考量離家安置的適當性、權衡保護兒童和維繫家庭的兩難，或者為兒童規劃長久的規劃。田野指導者可以協助學生，從保護家庭的觀點，接觸這類或其他問題；進而琢磨學生在提升家庭角色功能，以及將兒童留在家中兩方面的技巧。

　　統合的田野專題研討，也可以是另一種教材，在部分社會工作學校是必修的。這些正統專題研討包括來自不同機構、專注程度和專業領域的學生。學生可從家庭保護的角度自由選擇檢視個案。尤其，個案討論可以把焦點放在社工人員或其他服務者可以做，或早該做的保護家庭之道。

成立一個模式實驗室可能會是一件有意思的事，如一個附屬公共兒童福利機構的特別機構或單位。這就很像幾年前流行的學生社團的模式；但它將焦點集中在新的實務方法。這個單位可以加入教員領導，以及不同理論背景和專長的學生。學生可以從多種不同的角度，演練和學習執行家庭核心式的兒童福利服務。

二、家庭維繫實務教學作為一項專業

在課程中灌輸家庭維繫服務，雖然其本身很有價值，但並不足以儲備一位專業的社工人員。如同本章前半部所概略提到的觀念、知識領域和技巧，一位有能力協助高危險群家庭的社工人員，要學習的實在太多了。簡言之，他們需要專業化。為了達到這個目的，不妨發展或提供額外的機會給有興趣的學員。這點我們將在以下討論。

(一)家庭和兒童服務課程

許多學校都有某種形式的兒童福利或家庭及兒童服務的專業科目。典型的課程包括兒童福利、家庭治療、兒童及青少年實務和其他相關主題(Maluccio, 1985)。

這些課程中的任一門課，可以納入家庭維繫的重要原素而更加豐富，或以家庭維繫實務或觀念為基礎，重新安排課程。課程可以依學生的興趣和需要適度調整。這門課可以強調，例如，組織或行政層面，或家庭維繫服務的實務原則或策略。這種加強或調整的課程可以做為主題的系統性簡介；透過額外的課程或田野實務經驗，引發學生對更專業領域產生興趣。

(二)家庭維繫服務課程

另一個選擇是設計一套全新的課程，僅專注於家庭保護工

作。這是現有課程之外的另項選擇。

新課程的目的，是讓學生深入淺出地理解家庭維繫服務或實務的內涵。新課程可以組織成爲一個有系統的、對各種模式和途徑的比較和檢驗、並且包括以下範疇：

- 強調家庭維繫規劃和實務的理論架構；
- 家庭維繫服務的定義，以及與一般兒童福利的關係，尤其是長久規劃和其他服務系統，如心理健康、心理障礙和青少年犯罪；
- 歷史、哲學和理性主義；
- 組織和政治情況，以及政策架構；
- 不同模式的比較—— 一般或分類的特點、獨特的特質、理論支撐、規劃架構和結果；
- 不同模式有效性的評估；
- 發展、執行和管理問題。

(三)「家庭重建者」的課程

如同以上所列的科類，可以伴隨一門更專業的科目，鑽研單一種實務模式。我們強力推薦「家庭重建者」者模式，是基於多種理由。首先，這個模式有堅強的實證基礎，長久以來，透過直接實務和不斷的實驗而日益發展。其次，它標榜價值、知識領域、技巧和策略前後一致和清晰的架構；其三，它對高危險群家庭產生的效果，從實際經驗上已清楚證明。

不論哪一種模式成爲選擇的對象，這門課的終極目標仍是促使社工人員，對實務途徑有更高層次的認知，並能將它發揮得淋漓盡致。基於這個目標，也正如同Whittaker和Tracy在第一章所建議的，以「全套」的概念傳授一種模式，並統合地闡

明其組織架構、治療方式、切入點和評估等，是極其重要的。
這門課也可以成爲學生的一把利器，協助他們整合目前分散教學的不同講題，如核心知識、觀念、實務技巧和組織性的議題。

　　另一件事也是非常重要的，選課的學生應另外選擇一門家庭保護規劃的實務工作，這樣可以增加課程的客觀性。機構和實務督導的選擇，以及與實務機構和學校的相互配合顯然也是極重要的，雖然這並不在本章討論的範圍。

(四)額外的機緣

　　到目前爲止所提出的諸多建議，已被社會工作學校的學生運用，也試圖提供他們精研家庭維繫服務的機會。對受過專業訓練，並獲得學位的社工人員和其他從事人群服務的人士而言，思索如何達成共同目標的方法也是同樣重要的。

　　其一的選擇即是允許部分研究生選修上列專業科目。另一個可能更實用的選擇，是設計一種學士後的驗證課程，專門教授家庭維繫實務。這種課程可以篩選部分本章列舉的課程，以符合進修學生的特質和需要，並和其他和家庭維繫相關領域的實務經驗配合。

　　雖然細節的部分仍需詳細研究，一種驗證課程可機動性地加在現存的學校課程之後，尤其在老人問題、藥品濫用(如菸酒、藥物等)及家庭和兒童服務。這種方法可以幫助解決純熟實務人員不足的困難，這個問題在全國的相關機構廣泛推介高危險群家庭的家庭維繫服務後，就逐漸浮現出來。

教學方法和輔助教材

家庭維繫的教學，在直接實務課程裡，可以利用一般典型的方法和輔助教材，例如個案討論和將課程單元化，分別討論家庭維繫服務的個別面向。輔助教材和教學大綱可以援用文學的研究方法，茲列如下：

- 家庭維繫服務入門，包括其發展史、理論基礎、結構和法律架構(例如Edna McConnell Clark Foundation, 1985)；
- 家庭維繫服務定義與分類面面觀，如治療模式、規劃架構和規劃結果(Pecora, et al., 1987)；
- 典型規劃範例描述(Homebuklders model in Kinney et al., 本書第三章；Iowa model in Lloyd, 1984; National Resource Center on Family-Based Services, 1983; and the Maryland model in Jackson, 1987)；
- 規劃回顧、批判和評估報告(Halpern, 1986; Kaplan, 1986; Landsman, 1985)；
- 家庭本位服務的內涵(Bryce and Lloyd, 1981; Maybanks and Bryce, 1979)；
- 家庭處遇研究的參考書目(Friedman and Street, 2985)。

家庭維繫教學的工具需要繼續開發，尤其是視聽教材，可以使家庭保護實務具現場感，兼能創發教員和學生的想像。雖然目前已有爲數眾多的個案紀錄和家庭治療的錄影帶，但大體

而言，它們尚不足以清楚說明家庭保護的主旨。

　　另一項策略，經常在實務課程中引用的，是將家庭維繫規劃的工作成員邀請到課堂上現身說法，作為顧問、資源擁有者或輔助教師。他們的參與是無價的，尤其是當學校在這方面的教學剛起步的時候。家庭維繫規劃是教員和實務機構成員心得交換的絕佳領域，畢竟，機構和學校兩者，在方法途徑的某些方面都還是新手。

建立師資群

　　將家庭維繫納入課程，不論是以通論或專論的方式，在大部分社會工作學校都很可能需要逐步建立師資群。這可能包括傳統途徑，如曾經獲得諮詢或參與家庭保護典範規劃的工作室。教員也可以參加以實務為基礎的研究工作，尤其是檢視和評估不同途徑方法的家庭保護服務研究。

　　此外，入選的教員和田野督導可以參與實習或其他規劃的訓練活動，如「家庭重建者」。這類參與最能完全吸收該模式，體會它的精采，進而傳授給學生。如此一來，教員和督導能不斷更新並領會實際生活的模式，方能提供更好的教學品質，並在課程中加入適切的內容。這種合作可以用「教員-機構聯合研討會」的方式推廣，開放給遴選的教員和機構工作人員，如此一來，也可促進學術與實務的配合並增加對家庭保護知識領域的了解。

結 論

　　社工研究所的直接實務課程，提供無數加強、推廣，或宣導家庭維繫服務與實務的機會。學校必須決定是否要透過通論、專論，或是兩者合併的方式，來提供這些機會。

　　雖然，何種方式適合某所學校是有爭議的，但某些事的執行是肯定的：對專門著作的需求日益迫切。專門的著作能幫助社工人員和其他人群服務工作者，有效強化並維繫脆弱家庭，並且避免不必要的離家安置兒童和青少年。

　　為了達成以上目標，社會工作學校必須對家庭保護付諸更實際的關注，加強或擴展社工實務程序。尤其，就像本章所建議的，學校可以考慮為家庭核心式的兒童福利實務，採用統合的教學構架；向學生廣為介紹家庭維繫的觀念、知識領域和技巧；提供有興趣的學生接觸專業領域的機會；鼓勵學校教員和服務機構成員交換意見，與典範規劃或提供家庭維繫服務的機構合作。

參考書目

Bribitzer, M. P., and Verdieck, M. J. (1988). Home-based, family-centered intervention: Evaluation of a foster care prevention program. *Child Welfare, 67,* 255-266.

Bronfenbrenner, U. (1979). *The ecology of human development.* Cambridge: Harvard University.

Bryce, M., and Lloyd, J. (Eds.). (1981). *Treating families in the home: An alternative to placement.* Springfield, IL: Charles C. Thomas.

Edna McConnell Clark Foundation. (1985). *Keeping families together: The case for family preservation.* New York: Author.

Friedman, R. M., and Street, S. (1985). *Family-focused interventions: An annotated bibliography.* Tampa, FL: University of South Florida, Florida Mental Health Institute, Research 'and Training Center for Improved Services for Seriously Emotionally Disturbed Children.

Garbarino, J. (1982). *Children and families in the social environment.* New York: Aldine.

Germain, C. B., and Gitterman, A. (1980). *The life model of social work practice.* New York: Columbia University Press.

Halpern, R. (1986). Home-based early intervention: Dimensions of current practice. *Child Welfare, 65,* 387-399.

Hartman, A., and Laird, J. (1983). *Family-centered social work practice.* New York: Free Press.

Jackson, S. (1987). *Intensive family services: A family preservation service model.* Maryland Department of Human Resources.

Kaplan, L. (1986). *Working with multi-problem families.* Lexington, MA: Lexington Books.

Landsman, M. J. (1985). *Evaluation of fourteen child placement prevention projects in Wisconsin—1983-1985.* Iowa City: University of Iowa, National Resource Center on Family Based Services.

Lloyd, J. C. (1984). *Basic family-centered curriculum for family service workers and parent aides.* Iowa City: University of Iowa, National Resource Center on Family Based Services.

Maluccio, A. N. (Ed.). (1981). *Promoting competence: A new/old approach to social work practice.* New York: Free Press.

Maluccio, A. N. (1985). Education and training for child welfare practice. *In* J. Laird and A. Hartman (Eds.), *A handbook of child welfare: Context, knowledge, and practice,* pp. 741-759. New York: Free Press.

Maluccio, A. N., Fein, E., and Olmstead, K. A. (1986). *Permanency planning for children: Concepts and methods.* New York: Tavistock.

Maybanks, S., and Bryce, M. (Eds.). (1979). *Home-based services for children and families: Policy, practice, and research.* Springfield, IL: Charles C. Thomas.

National Resource Center on Family-Based Services. (1983). *Family-centered social services: A model for child welfare agencies.* Iowa City: University of Iowa, Author.

Pecora, P. J., Fraser, M. W., and Haapala, D. (1987). *Defining family preservation services: Three intensive home-based treatment programs.* Salt Lake City: University of Utah, Graduate School of Social Work, Social Research Institute.

Whittaker, J. K., and Garbarino, J. (1983). *Social support networks: Informal helping in the human services.* New York: Aldine.

Whittaker, J. K. Schinke, S. P., and Gilchrist, L. D. (1986). The ecological paradigm in child, youth, and family services: Implications for policy and practice. *Social Service Review, 60,* 483-503.

第七章
設計與管理家庭維繫服務：
人群服務行政課程的涵意

Peter J. Pecora

家庭維繫服務代表了眾多令人振奮的治療模式之一，有效的提升家庭功能，並避免了負責兒童福利、心理健康、殘障和青少年犯罪等機構，在全國盛行的兒童離家安置作法。在本書的前幾章，我們已經討論過與家庭維繫服務（Family Preservation Service, 簡稱FPS）政策相關的發展、治療途徑、政策和研究成果，並特別著重在「家庭重建者」模式。然而，還有多種與設計、執行、評估和管理FPS規劃的相關行政議題。

　　本章將討論部分相關議題，並說明它們如何運用在社工研究所或其他人群服務教育課程的行政內容教學。尤其，和FPS行政相關的分為三大領域：(1)規劃與組織的設計；(2)人事管理；以及(3)財務管理、募款和成本效益分析(cost-benefit analysis)。

家庭維繫服務的政治和組織脈絡

　　正如所有的人群服務規劃，FPS機構或規劃都必須在政治和組織的脈絡內運作，這一點對服務的組織和執行方式影響頗深。例如，FPS在過去十年中發展迅速，部分是因為大眾能普遍接受，然而降低離家安置兒童的數量而言，永久規劃是必要，卻尚嫌不足的解決途徑。相對於傳統兒童福利服務，FPS能有效控制成本，有效的增加了一般人對於它在財務節約方面受肯定的程度；而規劃的公開與透明化也成為一九八〇年代的重要議題。

　　FPS的盛行是因為它的「意識形態」，正符合過去二十年社會關懷的重點。經過各個熱心團體的奔走，其中不少議題，

都已明定爲法律，如PL 96-272 (一九八〇年收養協助與兒童福利法案, The Adoption Assistance and Child Welfare Act of 1980) 的部分條文。這項法案提倡的部分原則，以及其中伴隨的兒童福利改革運動，即是：家庭服務的提供必須在較爲自由的環境下，並以「合理且持續的努力」未進行，避免兒童離家安置(見本書其他章節及Pine, 1986)。

　　這是提倡FPS的部分驅力，然而，許多兒童福利和心智障礙機構，卻長期面臨接踵而至的問題，包括預算被刪減、個案負荷增加、工作人員的高流動率，也有愈來愈多的人質疑機構是否將兒童留置在不當管教的環境中，以及工會對這份不分日夜、無週末的工作的排拒。這些財務、政治和行政上的現實，可以用來說明在變動的組織環境中，發展、執行和管理FPS的複雜程度。這些都是我們在討論設計FPS規劃時，必須牢記在心的。

家庭維繫服務的規劃和組織設計問題

　　當我們籌畫一個家庭維繫服務(FPS)規劃時，我們有太多的規劃設計問題需要說明，太多架構的要素需要建立。大部分的要素和決策都是發展和管理各種人群服務規劃的一部分代表，將組織的健全性極大化(Patti, 1983, 1987)。但不少FPS規劃的目的和組織架構，也透露了一些不尋常的挑戰。這些設計課題爲社工教學者提供一個機會，說明行政、社區組織、規劃設計和監督層次課程內容，以及FPS行政人員目前所面臨的難題的機會。

舉例而言，檢視FPS行政人員如何發展策略，與提高組織的工作績效是非常重要的，特別是下列所示：

- 工作效能以及對原受益者提供的服務；
- 從機構所處的環境獲取資源，以擴大或持續服務；
- 督導並參與組織成員的工作，增進工作人員的滿意度和工作成果，減低工作人員的茫然、疲乏感和流動率；
- 從案主的改變、滿意度和服務品質，衡量工作的效能 (Patti, 1985, pp.2-3)。

修習社會工作的學生，必須能夠分辨何者屬於健全機構組織的要素，何者歸類於以上列舉的客觀工作表現。健全組織的要素大致包括：(1)建立一個清晰的、價值導向的機構宗旨；(2)選擇有效的服務技術；(3)設計能提升服務效能，並符合案主需要的服務項目；(4)選擇有能力的工作組員；(5)列舉工作表現標準和工作人員評鑑方式；(6)提供高水準的督導；和(7)規劃評鑑和成本效益資料的搜集和運用。當它們運用在FPS時，這些服務要素會在以下段落中逐項討論。這些段落取自Patti (1987)、Patti et al., (1987)、Peters與Waterman (1983)等人的著作。

一、建立清晰的機構宗旨、目標和目的

有效的人群服務組織共同的特徵，即是他們對一個清晰的、定義清楚的、價值取向的組織宗旨的運用和堅持 (Peters and Waterman, 1983; Selznick, 1984)。FPS規劃，如「家庭重建者」已能定義並清楚說明他們的宗旨，讓成員、案主和一般大眾了解，他們做的事究竟是什麼。除了他們的工作內容和治療目標

都明確定義外；機構視別系統性的名稱規劃「家庭重建者」(Homebuilders)，也能給人一種正面且清新的形象(Kinney et al., 參考本書第三章)。

這個形象與明確的宗旨，是由一有力的意識形態所支撐：這是一套特別與組織宗旨、服務技術和案主相關的價值和觀念。Patti (1987)總結健全組織的文獻時強調，一個組織需要的「不僅是明確的目標、結構角色、堅強的陣容和足夠的資源，就能有亮麗的表現；更重要的是，組織需要一套完整的價值、使命和利益，使社會意義與組識努力的成果與過程能相互結合，進而幫助調合眼前的模糊地帶和不確定」(p.378)。「家庭重建者」和其他許多FPS組織所抱持的，授權案主和強化家庭的強烈信念，提升了組織設計在這方面的努力。

二、選擇有效的服務技術

許多人群服務組織認為，透過人力資源增進工作成果，需要不斷的努力，以及一套有良好配方的治療技術。儘管我們對人類行為的了解有限，目前仍有一種實驗體系不斷擴大，並累積了不少研究經驗和實務智慧。有些機構積極地將這些成果介紹給他們的工作人員，作為更有利的新技術 (如Reid and Hanrahan, 1982; Rubin, 1985; Barth, 1986)。

當FPS的行政或工作人員設計他們的服務方法時，應該謹慎考慮即將採行的革新技術，支持各種方法途徑的經驗證據和實務智慧都應列入檢驗。確實，許多政策和規劃執行的研究都顯示，人們經常嚴重地忽略最有效的服務技術的選擇(Bardach, 1977; Williams, 1980; Williams and Elmore, 1976)。

若缺乏相關領域的評估研究，要決定何種理論模式應該指

導FPS治療的調停，就變得更複雜。因為，有太多種模式和技術可供運用，如家庭體系和生態基礎模式、以及從社會學習和其他理論得來的認知行為途徑(見Barth, 本書第五章)。此外，雖然「家庭重建立者」模式顯然需要使用多種臨床技巧以配合實際服務，但究竟該強調選擇何種臨床技巧和實際服務，仍然不是簡單明瞭的事(Fraser et al., 1988; Haapala, 1983)。因此，學習行政的學生必須留意有意識地選擇、修正和延續機構服務技巧的重要性。各種努力，如「家庭重建立者」規劃的取向和對其治療者的持續訓練，都是將遴選的服務技術付諸執行的機構投資的範例。

三、提高服務效能、反應案主需要的服務輸送設計

選擇治療模式之外，規劃主持人的重要性也逐漸突顯出來，成為考慮的因素，尤其若你身為政府官員，必須決定FPS的提供，是否透過私人機構的買賣契約、或由政府單位規劃，或者經由兩者的共同合作。私人的FPS規劃已展現了可觀高效能，但缺乏深入全面的研究，因此，我們不便在此斷言何者為較好的主持人(Frankel, 1988; Jones, 1955)。但也有證據顯示，與志願機構訂定FPS的買賣契約有不少好處，如編制人員的彈性加大、較少官僚體系障礙便於規劃之調整，以及個案負荷標準可獲得較大保障 (Pecora et al., 1989)。

尚有其他諸多規劃決策必須確定，包括選擇哪一類的案主適合該項服務(即遴選標準)，篩選可塑性高的案主的機制、治療期間長短、工作時間表、工作人員及時服務(on-call)程序，以及個案負荷量(Pecora et al., 1987)。將這些服務元素考慮在內，當FPS成員考量各種可能時，治療設計問題便與行政問題

相互關聯。例如，如何建立新規劃如FPS的選入標準？哪一種的人口統計學和規劃評估資料是決策所需要的？為確認某案主確實面臨迫切的離家安置危機，是否該成立特別的安置審查委員會，以檢驗FPS的被推舉人？

此外，接受積極性的預防離家安置規劃的案主，通常需要及時的管道與社工聯絡，以協助解決治療期間發生的家庭危機。若該家庭需要及時的探望，決定如何處理及時和支援程序，將成為這類設計極重要的課題。最後，個案負荷量和治療期，也與服務的密集度有關。一位負擔四至六個家庭長達六十至一百二十天的社工人員，絕對沒有辦法和一位負責兩個家庭三十天的工作人員，提供相同的服務品質。合理的FPS規劃個案負荷如何架構？何種服務準備、案主的問題和社工活動等的相關資訊，應該如何用來設定個案負荷標準？部分的社工行政包括設定負荷標準和公平分配陸續湧進的個案。這些問題都可和學生共同探討，而進一步說明與社工行政相關的規劃設計所遭遇的困難。甚者，其中許多決策還包含了人事管理的問題，這也是下一個我們要討論的FPS規劃的要素。

人事管理

在行政簡介和督導分級方面，社工行政課程也討論了人事管理的各種問題。人事管理有以下的功能：

- 工作任務和人事的安排與分配；
- 工作人員招募、篩選和任用；

- 設計及執行工作表現評估；
- 主導、訓練和培訓組員；
- 督導進行中的工作表現，包括臨床個案；
- 處理組員工作上遭遇的問題；
- 落實員工賞罰及免職 (Pecora and Austin, 1987, p.13)。

FPS規劃是一座豐富的寶山，可協助學生思考多種工作所需要的技巧，包括挑選合格的組員、條列工作標準、選擇工作評量方式及督導組員。這些人事管理功能，是促進組織效能的要素。它們在FPS管理上的重要性，將在以下討論。

一、招募、遴選及訓練FPS治療者

如果案主是人群服務組織的「原料」，FPS治療者就是要建立主要的生產裝備。因此，前線的工作人員就是組織最寶貴的資源之一。如果FPS規劃無法任用優秀的工作人員，將治療技術運用在案主家庭中，那麼，即使FPS規劃選用最有效的服務技術，結果也是枉然。

任用有能力的工作組員的首要工作，就是條列有效率的工作表現所需要的知識、技巧、能力和態度。不幸的是，當條列成功FPS規劃的治療技巧與工作人員特質的工作漸有成果時，卻有研究指出卻需要更完整地標示FPS工作人員的能力水準，包括他們被任用之初，以及他們成為老鳥或技巧純熟的組員之後[1]。事實上，雖然大部分FPS規劃任用研究所程度的社工人員，但這些服務也可由一群不同教育背景的人士擔任，包括教

---

[1]有效 FPS 工作表現的重要能力，詳見本書其他章節，以及 Bryce and Lloyd, 1981; Fraser et al., 1988; Goldstein, 1981; Haapala, 1983; Haapala and Kinney, 1979; Kinney et al., 1981; and Mauluccio, 1985。

育、心理學、婚姻與家庭諮商、社會學、休閒治療、二度就業輔導等等。

然而，究竟何爲FPS治療者的最低標準，並沒有任何共識。這使得服務機構徵人的時候，倍感棘手。例如，他們應如何寫徵人啓事、工作描述？如何決定任用標準以及面試時該問的問題？爲了解決這方面資訊的缺乏，「家庭重建者」的行政人員已經發展出自己的一套最低標準；而且，他們也在面試過程中，運用角色扮演的方式，確定他們所選用的人，的確具備相當的諮商技巧，以及了解他人的能力。這些舉才工作的細節(以及這項工作如何因缺乏最低標準的共識而受延宕)，是教導學生關於人事任用和遴選的實際範例。這種情況也透露，這些工作崗位和職業水準的培育過程中，社工教育學位的必要性。這也是讓學生討論Jill Kinney(「家庭重建者」規劃的創始人之一)提出的，治療者遴選和督導個案研究的價值所在。我們將在本章的末尾討論這個問題。

二、列舉工作表現標準與工作人員評估方法

工作人員的整體表現評估，和有系統的評定機構成員在特定時間內的表現，是息息相關的。在FPS規劃(及其他的人群服務)中，發展一套可度量的、可行的，並且和工作相關的工作表現標準，是一項主要的挑戰。例如，考慮這些標準如何運用到FPS治療者？標準如何度量？他們的成就如何記錄？較簡略的度量方法可能包括，將有離家安置之虞的兒童仍留在原家庭的個案數、家庭被提報有兒童受虐的個案數、以及案主抱怨的件數。

把以上列舉的表現標準，與鉅細靡遺詳列處理過程的難度

對比，如危機處遇服務的充分準備、有效教學和溝通技巧，或以「專業且符合人情的方法」處理結案的困難。由此可知要發展可行的FPS工作責任表現標準，實在是非常困難的；這也是為什麼在大部分的兒童福利機構中，以敘述、圖解，或其他各式各樣的客觀的評量方式，均被廣泛採用的原因(Wiehe, 1980)。為了能夠清楚的列出工作表現標準，以及適當和低劣的工作表現，部分社工機構逐漸發展一種行為落點適當評量表(behaviorally anchored rating scale, Pecora and Hunter, 1988)。

如**表7-1**所示，即是目前一般人群服務和營業機構主要使用的工作表現評估方法。這種方法和配合架構的程度不一而有所不同，如因機構大小、正式或非正式、主事者，以及其他組織特性而不同。但許多人群服務機構發現，以客觀標準管理，能兼顧準確性和個別性。

除了選擇工作表現的標準和方法，還必須考慮不同工作所謂的「標準」的意義。「如果案主重視某種結果，工作人員重視另一種，應該採用誰的標準來衡量這項服務的成效呢？」(Patti, 1987：378)。

在選擇工作表現的標準和評量方法時，學生應明白，及時的、易解的、對社會工作個案的回饋，與社會工作的動機及服務效率是息息相關的(Hackman and Lawler, 1971; Patti, 1987; Schoech and Schkade, 1980)。學生也許會發現，列舉可度量的工作標準，不僅需要臨床研究和規劃評估的知識，更需要正確並靈活運用這些和工作評量相關的原則。

三、提供高品質的督導

大部分的FPS案例，都與高危險且極需多種協助的家庭相

表7-1 工作表現評估主要方式❶

1. 敘述 　(Essay / Narrative)	社工督導建立一種敘述的評估方式，描述組員的工作表現以及和工作相關的性向特徵。
2. 圖表評定量表 　(Graphic rating scales)	組員的個性特徵、能力和其他工作表現因子，都在5-7分的量表上評分。
3. 分級技術 　(Ranking-techniques)	組員依其特徵和相對表現，條列等級順序，即使用直接、選擇性的，或者相對比較的分級方式。
4. 強迫評比 　(Forced-choice rating)	經由工作分析的方式，指出重要的特徵或行為，並且以複選題的方式，讓督導選出最適合該組組員的描述。
5. 目標管理 　(Management by ob-jectives and results)	組員與其督導共同建立個人在特定期間欲達成的目標，行動規劃內容，以及監控進展的方法。
6. 工作標準 　(Work standards)	建立制式的、可衡量的工作表現標準，以評量組員的行為表現。
7. 行為落點評量表 　(Behaviorally ancho-red rating scales)	條列各個工作目標，並將之設定為量表的落點，形成行為落點評量表，評估組員的表現。
8. 加權檢核表 　(Weighted checklist)	將各個工作表現項目依其重要性給予加權分數量，督導則利用一個沒有特別作記的工作表，指出組員完成的項目。
9. 重大事件 　(Critical incident)	依據共同達成工作目的或任務，紀錄正面與負面的工作表現或事件。
10. 評估中心 　(Assessment center)	組員參與實際的或模擬的工作任務，督導在當中評量他們的工作表現，以檢驗目前工作現況；甚至評估他們擔任管理階層的可能性。
11. 硬性分配 　(Forced distribution)	評分者必須強制將組員的評等分配成一個常態分布，亦即各僅有一定比例的組員得到上等、中等或下等分數。
12. 田野回顧 　(Field review)	由督導將成員分成若干小組，審核組員的評量或評分，重新檢驗評量的準確性，並建立統一的工作表現評量表。

❶Pecora and Austin (1987).

關。當治療者付出絕大部分的工作時間在辦公室外處理問題時，他們需要高度的自主權。由於個案嚴重和緊急的特質，有

時，社工人員必須明快地做出重大決定，包括兒童未來受虐的可能性和維護兒童安全的策略，甚至必須預想結案之後的可能情況(Holder and Corey, 1987)。結果，FPS治療者的督導就成為兒童和家庭服務中，被要求最多的工作，因此華盛頓大學社工系特別為家庭本位實務的督導，開了一門增加社工服務能力進階訓練課程。

獲知個案困難度和所需的臨床諮詢之後，一位督導應該同時帶領幾位治療者呢？由於預算短缺、許多人群服務機構已經增加了每位督導的負荷，甚至超過他們可以達成行政、臨床和教育功能的工作量(Kadushin, 1985)。然而，FPS督導必須同時扮演不同角色，合理的督導人數應該是多少？這個問題的答案，顯然得看服務的性質，包括案主類型、運用的臨床調停方式、工作人員個案負荷和服務的密集度。

另一個問題是，運用督導組協助組員，構思處理某種家庭問題的策略[2]。集體督導應追加多少個別督導？何種臨床或工作人員的特殊問題可以在個別督導中討論，但不宜在集體督導討論中提及？

最後，還要考慮在平衡組員人情的壓力和設定工作架構之間，督導應該如何拿捏分寸？根據督導效率研究顯示，以上兩者的功能都必須兼顧。假定人情包括建立感情、同情、支持工作人員，以及訓練他們獨立工作的能力。設定工作架構包括設定目標、釐清工作、監測及評估工作表現，以及針對個別任務，給予適當的回饋(Patti, 1987)。一項針對近兩年「家庭重建者」規劃的研究發現，「家庭重建者」計畫的服務效能高、人員流

---

[2]集體督導的功能和相關議題討論，詳見 Kadushin (1985) 和 Munson (1983)。

動率低，而且工作士氣高昂(Fraser et al., 1988)。這很可能應歸功於高品質的督導工作，雖然如此，也仍應該運用更好的方法和實驗設計研究督導者的角色爲何，以便更清楚界定與提高服務效能和員工士氣中。

以上所列舉的，還只是面對家庭維繫服務的督導問題。另一個讓許多規劃者和行政人員關心的是，如何預防員工崩熬(burnout)。由於FPS規劃有密集的特質，社工人員可能需要長時間工作，包括晚間和週末。危險群家庭通常對治療者提出諸多要求，這些要求更因工作時間的壓縮顯得更加沈重。爲了解決這些壓力，有些規劃，如「家庭重建者」，提供了多面向的訓練、督導諮商以及及時工作人員的後勤支援。該規劃並且協助社工人員體認工作的成果，包括經由目標達成評量，以及與案主結案時的面談。此外，機構也運用各種方法來鼓勵員工士氣，例如實質的獎勵，或在公佈欄內用心型或星型的彩色紙，寫下案主正面而貼心的回饋話語。從一九七四年實施這些措施以來，員工流動率出奇地低，也許大多應歸功於此。

社工人員可以從解決人事管理中獲益良多，包括在人才拔擢、工作評估和有效的督導方法等。此外，如果優渥的薪資、舒適的辦公環境和朝九晚五、週休二日的工作條件都不可能的話，還有什麼更有創意的點子可以用來支持，甚或提高FPS工作人員的工作動機？

財務管理、募款及成本效益分析

許多社會工作學院的行政課程裡，包括了預算、一般會計、

募款和成本效益分析。FPS的支持者和行政人員目前所關心的問題，倒不失為教授這些課程實用的背景資訊。

一、財務管理

和大部分小型的非營利性人群服務機構一樣，「家庭重建者」也為如何發展一套會計系統困擾著，怎樣同時和重要的財務監督者合作，又能提供必要的訊息監控預算編列。以案主數計算，和以達到最低標準的成功個案數計算，這兩種契約管理方式的爭論，為建立和控管機構預算，帶來更多困擾。這些挑戰可以藉助多樣的個人電腦軟體如Lotus1-2-3或Symphony來協助解決。

二、募　款

在資源短缺的大環境下，募款，包括認養活動，別具意義。不少公立兒童福利機構正努力尋找願意贊助FPS的聯邦、州和地方基金會。部分私人機構的FPS規劃行政人員，也正積極尋求與心理健康、少年輔導所和身心障礙機構的合作契約，以擴大市場和服務範圍。為響應FPS規劃的募款努力，華盛頓特區的社會政策研究中心正著手一項研究，調查聯邦政府和各州及地方分別有哪些募款機制運作。

對某些FPS機構而言，提高歲入的行銷方式經營，變得愈來愈重要，尤其當他們欲向聯盟的專業機構宣揚規劃的理念、教育大眾，以及和其他服務提供者競爭，爭取案主信賴。事實上，逐步建立具競爭力的市場分析和規劃，對部分位於市區而與多種規劃重疊的FPS機構，是絕對必要的。

尋求募款需要別出心裁的方法，以及符合不同案主需求和

問題類型的規劃模型。「家庭重建者」規劃和其他FPS機構，已經成功地說服立法者和機構行政人員贊助這些服務的利益。這項目的的達成，有賴重要台面人物的幫忙，運用專業遊說團、有效的公關、創意的認養活動，以及最重要的，提供高成本效益的服務。如此一來，認養活動的指導人或其他行政課程都將發現，目前的FPS機構在這些領域的活動，是一個作為建立認養計畫和持續機構募款的良好典範。

三、成本效益分析

　　FPS規劃之所以得到州議員和行政官員的廣泛認同，其中主要的因素在於，他們所認知的FPS規劃，相較於傳統的兒童福利、少年輔導或心理健康服務，似乎更具成本效益分析的概念。至目前為止，對FPS的成本效益的研究，顯示了極端混合的結果[3]。有些評估記載了顯著的成本節約 (Haoper and Jones, 1981; Kinney et al., 1977)：然而，也有一些研究結果證實，一個高品質的FPS規劃所需的經費，可能和傳統服務一樣多，甚至更多(Hayes and Joseph, 1985; Rosenberg et al., 1982)。

　　然而，在生活品質或防止兒童受虐方面，家庭保護規劃究竟成效如何，這類分析似乎又不完全[4]。量化FPS產生的利益，比起計算替代基金所省下的錢，是更加困難的。舉例來說，我們怎麼開始用數據說明一些抽象意義的金錢價值，如父母自尊

---

[3]這個領域的成本效益分析檢驗某個 FPS 規劃的結果，從金錢的角度來看，是否超過該規劃的成本。通常，規劃和其本身比較，而不像一般的成本效益分析，是比較二個或更多的規劃(White, 1988, pp.430-431)。

[4]有關人群服務的成本效益分析和研究，詳見 Armstrong, 1982; Buxbaum, 1981; Haugard et al., 1983; Kugajevsky, 1979; Levin, 1983; Magura, 1981; Orr and Bell, 1987; Settles et al., 1976; Sherraden, 1986; Young and Allen, 1977。

的提升、學校的參與，或兒童虐待情形的結束？

　　有些利益可以用市場價值衡量，而有些「無法觸摸的」利益必須利用分析師認定，人們願意為此付出的金錢代價，作為數據加以量化 (如運用非暴力的教養子女的技巧，或生氣控制的技巧)。可想而知，採行這種方法，可能會產生一堆問題，包括個人和社會意願的衝突，以及付出代價的能力(Buxbaum, 1981)。挑選(個人及社會的)金錢利益之相對重要性，也必須加以說明。

　　實質的花費是成本分析的基礎，其中包括(1)治療者、督導和行政人員的薪資，以及和其他機構合作往來的經常費用；(2)當某家庭參與FPS治療(很可能持續某一段時間之後)，社區服務的費用；(3)兒童離家安置費用，包括各種不同形式的安置，以日為單位計算的一般收費，或以一段期間，不同類型案主的收費。

　　從技術面觀之，決定合適的期間標準和折扣比例，是另一項挑戰。時限通常和預期效益的時間，以及和服務的不同效益延續的期間有關。計算FPS案主成效的時限，部分得視縝密的持續觀察所得的資料而定。多數的FPS評估研究，用持續觀察六個月或更短的時間。此外，因為有些效益是在未來才會出現的，這些效益的價值必須打折扣，因為未來省下的錢，比眼前花費或節省的錢，價值更低(亦即，必須加以計算基金的「淨現值」必須加以計算」。既然折扣的概念相對地現實，折扣比例的選擇和本益比(cost-benefit ratio)的含意就非常複雜了(Buxbaum, 1981; Sherraden, 1986)。

　　舉例而言，假定在A群家庭中，一項FPS模式防止了立即的離家安置。另一個在B群家庭中，FPS模式不僅防止兒童移

置，而且還增加了這群家庭中，兒童高中畢業的比例。在兩組中，兒童的年齡均不超過十歲。前者可視為立即省下成本，而計算金錢價值也沒什麼折扣可言。然而，後者加上了高中畢業比例增加的目標，因為兒童尚未滿十歲，他們在這方面的成果，直到他們上高中時才看得到，因此，這部分的效益和儲金應該打折扣。隨著採用的折扣率，目前B群的效益價值可能或增或減：若折扣率為百分之十五，其價值就會比採用百分之五的折扣率低。因此，當比較A群FPS模式時，第二種模式所產生的效益，將因採用的折扣率和時限而大有不同。

當我們試圖強化家庭功能，防止兒童移置的同時，一個重要的問題是，家庭保護規劃是否真的省下了納稅人的錢？要回答這個問題，部分得看是否有精密的研究評估資料，及精確的成本效益比較。對大部分企業化的FPS行政人員、社工教育者和學生而言，這兩者都是極大的挑戰。

「家庭重建者」個案研究

實施家庭保護規劃是一個高難度的過程，尤其再加上亟待解決的政治、財務、組織和個人的管理問題。闡明治療設計和工作負荷挑戰時，Kinney等人已詳述了「家庭重建者」、行政人員和組織成員的經驗(本書第三章)。我們將在以下的個案研究中討論Kinney等人的理論，說明人員篩選和督導工作的方法和策略。

篩選和督導「家庭重建者」治療者：個案研究

　　如果有明確的標準來辨認一位有效率的「家庭重建者」治療者的特質容易指認，那麼許多事情就太好解決了。但從某方面而言，事實似乎正好相反。某些特徵如治療者的性別、年齡、種族、婚姻狀況、是否為人父母、教育背景及教育程度，的確和工作效率有很大的關聯。由於量化這些要素非常困難，我們發展出一種多層次的篩選過程，以便提供更多的資訊，挑選合適的人選。

　　在最初的書面履歷審核，我們尋找曾和問題家庭、危機處遇有接觸，並且對問題解決有行為認知的人。我們也對參與過有創意的、不尋常的規劃或場合的人感到興趣。我們先篩選出對解釋治療法，如家庭體系治療或心理分析，似乎特別有經驗的人。

　　有過相關臨床經驗或接觸的應徵者，將與督導進行一小時的面試。面試中將利用一些時間說明實際工作的內容，包括彈性上班時間、及時服務、居住鄰近易聯絡地點，處理可能是危險，至少是陰晴不定的案主的問題。我們希望讓應徵者充分了解這項工作，對他們個人生活可能產生的影響，讓他們在充分的資訊下作出決定。我們也希望他們知道，我們希望他們循著我們已發展成型的模式進行工作，而非隨心所欲的創造。這項工作的正面回饋如高成功率、低個案負荷量、簡明的目標、訓練和支援，也都會在面談中詳細說明。

　　在第一階段，我們最偏愛的兩個題目是，讓應徵者描述他

們曾經碰到最棘手的案主，以及他們曾經遇到最嚴苛的督導。我們希望找到有同理心，並且能清楚描述問題人物特徵的工作夥伴。我們也想知道，他們對於個人和專業的價值，是否和我們的規劃及組員的價值相容。我們喜歡有創意、重視自主獨立，同時又重視團隊精神的人。我們欣賞有彈性、可處理模糊地帶的人。

經過一對一的面談，最符合條件的應徵者將進入第二階段的角色扮演。在角色扮演的過程中，幾位資深經驗的「家庭重建者」成員，將合力扮演一個危險家庭。應徵者必展現他或她化解危機、贏得家庭成員信賴和合作，以及清楚分析問題的能力。

在角色扮演的過程中，組員將對應徵者各方面的表現評分。如果他們能夠耐心等待該家庭的邀請、清楚說明來訪的目的、聆聽家庭成員的絮絮不休而不中途打斷或給予「忠告」，他們就可以得分。我們尋找的夥伴，在角色扮演中，必須能冷靜、有耐心、作為每位家庭成員的支持者，並且尊重案主的決定。

相反的，應徵者若是以命令或支使的口吻與案主互動、冷嘲熱諷、堅持全家行為應該一致、問一堆問題、對每個成員妄加臆測，大概就會得到負面的評價號。

角色扮演之後，應徵者和扮演家庭成員的組員都坐下來，接受簡短的質問。我們詢問應徵者，他們覺得自己的表現如何？為什麼？我們針對他們的表現，給予一些回饋，並看他們的反應。通常，我們要求他們聽了我們的回饋之後，再試一次其中的某一段。我們希望我們的夥伴能接受建設性的建言，並且能快速地利用新資訊，改進他們的技巧。我們也同時評估應徵者

的社會行為。他們的日常言談是否合宜？微笑呢？目光接觸如何？有沒有幽默感？我們喜歡他們嗎？我們會喜歡和他或她做朋友嗎？

　　如果我們對一位應徵者有任何疑問，我們會請他或她再來一次，通常是和督導或機構負責任人共進一餐。我們喜歡在非正式的場合談話。我們想清楚表達我們對於應徵者適任問題的每個疑問，一方面讓他們有機會說服我們的疑慮是多餘的，一方面也讓我們更了解，他們受到挑戰、感到壓力時，是如何因應的。我們當然擔心帶給應徵者太多壓力，但我們更在意我們所錄用的人，能夠坦然面對生命危急的情境。我們必須知道，在困境中，他們是否能保持冷靜，並且思路清晰。

　　當一位應徵者錄取之後，督導和訓練是密切結合的。通常，新進人員在最初的六個月，將接受六天的正式課程訓練。三天之後，他們和他們的督導會面，建立他們最初的在職訓練計畫。依他們到職時的技巧水準和案主的困難度，督導或者較有經驗的組員，會伴隨他們前往最初的二至四個案主家庭。我們對部分新進人員，僅觀察他們第一個面對的家庭個案，之後，漸漸對往後的新個案負起愈來愈重的責任。

　　通常，新進人員每星期有兩個上午，參加正式的個案討論；一年之後，逐步漸少為一星期一次。在討論會裡，所有公開的個案都可以討論，但討論時間的長短和深度，隨個案的困難度和組員經驗而異。討論會持續二至四小時，每組三至四個成員。我們希望提供組員協助案主方法的多種選擇、培養團體精神，並且藉由協助組員了解他們對案主和對工作的感覺，激發個人成長。

　　督導和行政人員二十四小時為治療者待命，如同治療者二

十四小時爲案主待命。如果工作人員不確定是否該接某個案子、不能解決某個案、無法明確設定目標或無法突破瓶頸，我們都鼓勵工作人員在上班時間和督導討論，以獲得諮詢。如果他們不喜歡他的個案家庭、懷疑該家庭希望繼續維繫的意願，或者他們大量超時工作，覺得身心疲憊、不堪負荷時，我們也鼓勵他們和督導討論。

當治療者察覺到任何攸關案主家庭成員，或其本身的安危問題時，必須立即和督導聯絡。如果督導當時不在，社工人員必須改聯絡其他機構成員。任何一位案主若有對其本人或其他人產生嚴重威脅的情況，在情況不明朗時，該案應該每天和督導或主管討論。當任何時候，治療者覺得，作決定時壓力很大，或者他需要聽取別人的意見，以作成更好的決定時，他就應該主動和督導聯絡。

同樣地，督導也應隨時準備上線，在治療者需要協助時陪同他；或者當發現治療者的表現不如預期時，出面了解。此外，督導也應該經常查看工作記錄，以確實掌握目標的達成、案主的進步以及完成任務的方式。

因此，督導的角色是幫助新進人員完成初期訓練規劃，達到基本的技巧水準，並且在他們任職期間，繼續幫助他們增進和案主應對的技巧。

雖然督導有時很難給予什麼支援，但機構其他程序、價值和儀式，也是防止工作疲乏的管道。初期訓練也許是其中最重要的，不僅讓社工人員更能成功地協助案主，也傳授他們如何處理情緒的方法。

所有機構成員都試著把自己和他人視爲複雜的個體，而非組織表裡的一個名額。我們試圖打破位階的界線，真正地互相

了解，建立一種具有共有價值和目標的組織文化。我們非常重視個人。我們在團體裡舉辦慶生會。工作人員帶家人或親戚來辦公室，也是常見的。有些節慶和娛樂活動，也成了單位的傳統。新同事有T恤。若他們遇到困難，心情不好，我們會給與一個紫色塑膠心型裝飾作爲鼓勵。我們每年有表揚大會，提供如「最佳訴苦袋」、「服務最廣」、「最高成功率」和「最佳支柱」等獎項。照顧前線的社工人員，不僅是督導的工作，互相照應是每個人的工作。

結　論

　　本章討論了設計與管理家庭保護規劃的部分挑戰和問題，尤其在行政概念和策略方面。除本章討論的之外，若社會工作學校的目標，是能確實提供快速變化的社工規劃所需的人力，那麼，仍有其他必要議題應列入考慮。茲列舉較重要者如下：

- 學校應提供學生多少設計家庭維繫規劃必要的實務技巧？
- 將行政和臨床課程區分開來的安排，是否防礙教育學生設計、執行和發揮創意的臨床處遇的努力？
- 行政課程是否真的讓學生具備了增進健全組織所需要的知識，以用來篩選新進人員及督導組員的實際技巧？
- 有什麼其他的策略，可利用創新的規劃模式，如「家庭建立者」，來傳授特定的行政管理相關課程？

　　因爲FPS屬較新的規劃，透過對規劃的分析和設計，可以

為學生提供絕佳的機會，融會臨床策略、規劃評估方法和個人管理的原則。FPS若要繼續發展，必定需要愈來愈多了解FPS規劃細節、並且熟悉管理規劃行政技巧的社會工作研究生。

參考書目

Armstrong, K. A. (1982). Economic analysis of a child abuse and neglect treatment program. *Child Welfare, 62,* 3–13.

Bardach, E. (1977). *The implementation game: What happens after a bill becomes law.* Cambridge, MA: MIT.

Barth, R. P. (1986). *Social and cognitive treatment of children and adolescents.* San Francisco: Jossey-Bass.

Buxbaum, C. B. (1981). Cost-benefit analysis: The mystique versus the reality. *Social Service Review, 55,* 453–471.

Frankel, H. (1988). Family-centered, home-based services in child protection: A review of the research. *Social Service Review, 62,* 137–157.

Fraser, M. W., Pecora, P. J., and Haapala, D. A. (Eds.). (1988). *Families in crisis: Findings from the Family-Based Intensive Treatment Project: Technical report.* Salt Lake City: University of Utah, Graduate School of Social Work; Social Research Institute; and Federal Way, WA: Behavioral Sciences Institute.

Goldstein, H. (1981). Home-based services and the worker. *In* M. Bryce and J. C. Lloyd (Eds.), *Treating families in the home: An alternative to placement.* Springfield, IL: Charles C. Thomas.

Haapala, D. A. (1983). *Perceived helpfulness, attributed critical incident responsibility, and discrimination of home-based family therapy treatment outcomes: Homebuilders model.* Report prepared for the Department of Health and Human Services, Administration for Children, Youth and Families. Federal Way, WA: Behavioral Sciences Institute.

Haapala, D. and Kinney, J. (1979). Homebuilders approach to the training of in-home therapists. *In* S. Maybanks and M. Bryce (Eds.), Home based services for children and families: policy, practice and research (pp. 248–259). Springfield, Ill: Charles C. Thomas.

Hackman, J. R., and Lawler, E. E., III. (1971). Employee reactions to job characteristics. *Journal of Applied Psychology, 55,* 259–286.

Halper, G., and Jones, M. A. (1981). *Serving families at risk of dissolution: Public preventive services in New York City.* New York: Human Resources Administration.

Haugard, J., Hokanson, B., and National Resource Center on Family-Based Services. (1983). *Measuring the cost-effectiveness of family-based services and out-of-home care.* Oakdale, IA: University of Iowa, School of Social Work, National Clearinghouse for Family-centered Programs.

Hayes, J. R., and Joseph, J. A. (1985). *Home based family centered project evaluation.* Columbus, OH: Metropolitan Human Services Commission.

Holder, W., and Corey, M. (1987). *Child protective services risk management: A decision making handbook.* Charlotte, NC: ACTION for Child Protection.

Jones, M. A. (1985). *A second chance for families: Five years later.* New York: Child Welfare League of America.

Kadushin, A. (1985). *Supervision in social work,* 2nd ed. New York: Columbia University.

Kinney, J. M., Haapala, D. A., and Gast, E. (1981). Assessment of families in crisis. *In* M. Bryce and J. Lloyd (Eds.), *Treating families in the home: An alternative to placement.* Springfield, IL: Charles C. Thomas.

Kinney, J. M., Madsen, B., Fleming, T., & Haapala, D. A. (1977). Homebuilders: Keeping families together. *Journal of Consulting and Clinical Psychology, 45,* 667–673.

Kugajevsky, V. (1979). Foster grandparents program. *In* J. G. Abert (Ed.), *Program evaluation at HEW: Research versus reality,* Volume 3, pp. 123–179. New York: Marcel Dekker.

Levin, H. M. (1983). *Cost-effectiveness: A primer.* Newbury Park, CA: Sage.

Magura, S. (1981). Are services to prevent foster care effective? *Children and Youth Services Review, 3*(3), 193–212.

Maluccio, A. N. (1985). Education and training for child welfare practice. *In* J. Laird and A. Hartman (Eds.)., *A handbook of child welfare practice.* New York: Free Press.

Munson, C. E. (1983). *An introduction to clinical social work supervision.* New York: Haworth.

Orr, L. L., and Bell, S. H. (1987). *Valuing the labor market benefits of job training and employment programs: Procedures and findings from the AFDC homemaker-home health aide demonstrations.* Washington, D.C.: ABT Associates.

Patti, R. J. (1983). *Social welfare administration: Managing social programs in a developmental context.* Englewood Cliffs, NJ: Prentice-Hall.

Patti, R. J. (1985). In search of purpose for social welfare administration. *Administration in Social Work, 9*(3), 1–14.

Patti, R. J. (1987). Managing for service effectiveness in social welfare organizations. *Social Work, 32*(5), 377–381.

Patti, R. J., Poertner, J., and Rapp, C. A. (Eds.). (1987). *Managing for service effectiveness in social welfare organizations.* New York: Haworth Press.

Pecora, P. J., and Austin, M. J. (1987). *Managing human services personnel.* Newbury Park, CA: Sage.

Pecora, P. J., and Hunter, J. (1988). Performance appraisal in child welfare: Comparing the MBO and BARS methods. *Administration in Social Work. 12*(1), 55–72.

Pecora, P. J., Fraser, M. W., and Haapala, D. A. (1987). *Defining family preservation services: Three intensive home-based treatment programs.* Salt Lake City: University of Utah, Graduate School of Social Work, Social Research Institute.

Pecora, P. J., Kinney, J. M., Mitchell, L., and Tolley, G. (1989). *Providing intensive home-based family preservation services through public and private agencies: Organizational and service delivery issues.* Research Report No. 2 from the Family-Based Intensive Treatment Project. Salt Lake City: University of Utah, Graduate School of Social Work, Social Research Institute.

Peters, T. J., and Waterman, R. H. (1983). *In search of excellence: Lessons from America's best run companies.* New York: Harper and Row.

Pine, B. A. (1986). Child welfare reform and the political process. *Social Service Review, 60,* 339–359.

Reid, W. J., and Hanrahan, P. (1982). Recent evaluations of social work: Grounds for optimism. *Social Work, 27,* 328-340.

Rosenberg, S. A., McTate, G. A., and Robinson, C. C. (1982). *Intensive services to families-at-risk project.* Omaha: Nebraska Department of Public Welfare.

Rubin, A. (1985). Practice effectiveness: More grounds for optimism. *Social Work, 30,* 469-476.

Schoech, D., and Schkade, L. (1980). Computers helping caseworkers: Decisions support systems. *Child Welfare, 59,* 566-575.

Selznick, P. (1984). *Leadership in administration.* Berkeley: University of California Press.

Settles, B. H., Culley, J. D., and Van Name, J. B. (1976). *How to measure the cost of foster family care.* Washington, D.C.: U.S. Department of Health, Education, and Welfare, Office of Human Development Services (DHEW Publication No. 78-30126).

Sherraden, M. W. (1986). Benefit-cost analysis as a net present value problem. *Administration in Social Work, 10*(3), 85-97.

White, K. R. (1988). Cost analyses in family support programs. *In* H. B. Weiss and F. C. Jacobs (Eds.), *Evaluating family programs,* pp. 429-443. New York: Aldine de Gruyter.

Williams, W. (1980). *The implementation perspective: A guide for managing social service delivery programs.* Berkeley: University of California.

Williams, W., and Elmore, R. F. (1976). *Social program implementation.* New York: Academic.

Wiehe, V. R. (1980). Current practices in performance appraisal. *Administration in Social Work, 4*(3), 1-11.

Young, D. W., and Allen, B. (1977). Benefit-cost analysis in the social services: The example of adoption reimbursement. *Social Service Review, 51,* 249-264.

Reid, W. R. and Hanrahan, P. (1982). In the evaluation of social work research. In *Evaluation Social Work*, ??, ???-???.

Rosenberg, M. and ?? (?). Annual Impoverished. ?? (????). ??????? ?? ??? o ???? ????? ??????? for the *Behavioral ??????? of Public Welfare*.

Pelton, ?? (1989). Home-phone-phone ????? ?????????? to public *Abuse R.R. ????*, ??, ???-???.

Reinoehl, R. and Hanson, C. (1990). Computer-?????? to ????? in ???????. ?????????? *Child Abuse*, ??, ??-??.

Ruhl, C. (1989). A diagnostic of intervention. *Bricoe ?? Gentry Academic*, ??.

Taylor, R. B., Chen, ?? ??, ??? and Buckell, S. (1982). ?? a ?????????? ??? ???? ????? ???. *Workshop Inc.*, ??? in ???????. *U.N.C. ??? ????* ?????? ??? ??????? ???? ?? ?? ????? or *CSRW* Conference. ?? ?? ?? ????.

Thacher, ?? ?? (1985). ??????? ?????? ?????? is a ??? ???????????? problem. *Inter-professional Work*. ??(?), ??-??.

Whitt, R. S. (19??). Case analysis of family-centered conference in ?? ?? *Western*, R.C. (ed) ?? *Work-shop family. ?? proceed.* ?? (?). B. ??? ???? ?? ??? de Gruyter.

Whittaker, ?? (19??). *The ??? ??????? a ??????????? in place.* ??? ??????? ?????? dates Albany: State University of California.

Whittaker, ??. and Rivera, F. F. (19??). *??????? program interventions* and *New York: Aldine*.

Wolf, ?? ?? ?? (1988). ?? Child abuses in feel. ?????? ?????????. *New York: ??? ? Abuse Aut*, ??(?), ??-??.

Young, D. ?? and Allen, B. (1977). Benefit cost analysis in the ???? ??????. *The treatment program communication* in *??? Social Review*, ??, ???-???.

第八章
實務研究方法在家庭維繫服務中的運用

Betty J. Blythe

當我們對運用實務研究方法的了解愈多，社工人員也就愈幸運地能使用一套實務研究工具，方便他們找出協助案主的更佳途徑。使用這些「工具」，不需要繁複的研究方法和統計學訓練，而只需要開放的心胸，以及在實務上附加某種結構，並有系統地遵循某些指導方針。顯而易見地，使用這些工具的社工人員對實務的印象，通常是一套特別的心靈機制：他們總是在尋找進步的方法，經常實驗新方法，並且樂於向案主和其他工作人員學習。這種開放的心胸和不斷求進步的精神，不僅幫助工作人員做得更好，甚至可以更有效地預防社工人員在處理困難及有多重(複雜)問題的家庭工作所經常要面對的無力與挫折感。

　　擅常使用實務研究工具，使整個規劃、工作人員，以及案主家庭都受惠良多。首先，運用特定的實務研究技巧，能有效控制規劃目標的進展。例如，「家庭重建者」有一個目標，希望讓該家庭恢復到遭遇危機、接受規劃服務之前的既有功能。因此，如果設定的功能目標能就各個家庭而定，並且，家庭功能持續評估觀察，直到預定目標達成，那麼，社工人員將有紀錄文件可查，並支持他們繼續或終止該案。觀察幾個案子後發現，經由目標評估，該規劃將具有某些有效資料。社工人員可以依據相同的基本技巧，監控各個案件目標的進展。這樣的監控可為家庭成員提供進展的回饋資料—這些回饋對鼓勵家庭成員有很大的助益，他們可能曾經對社會服務體系感到挫敗，或被貼上無可救藥的標籤。有些工作人員也可發現，回饋的確有振奮人心的力量。同時，這些回饋可以協助社工人員快速地判斷，為某案主設定的處遇方式，是否未達到預定的效果，並且可快速確立必要的改變。對回饋採取開放的態度，工作人員可

以發現，他們的處遇並不經常都是有效的，甚至也可能造成傷害。從整體規劃目標所搜集的資料看來，經由監控個別案主目標所集結的這些資料，可以做成關於整體規劃之有效性和成功率的結論。顯然，上述資料有助於清楚的描述說明與案主及付費第三者的相關事項。

實務研究技巧也有助現今積極性家庭維繫服務要素的標準化，以及新要素的發展。這可以幫助規劃的實務工作人員和其他同仁以及專業人士，分享他們的知識和經驗。

從實務工作者得來的資訊，提供某些家庭或問題類型，這多少得自於家庭維繫服務。這些資訊可以用來重新檢視人事篩選標準、確認人員訓練需要，以及應該繼續發展的領域。

可以確定的是，執行這個方法是很具挑戰性的。社工人員必須樂意評估他們的工作，誠實面對成功和失敗，也面對結果並不明確的案例。而且，採取這種樂觀、成長導向的態度有說不完的好處，對工作人員、案主和整個社工專業都很有價值。

「個人科學家」的角色

這種實務觀點曾被賦予多種名稱。也許，最適切的標籤應該是「個人科學家」(personal scientist)。一位個人科學家是一個能以統合的方式，同時參與實務和研究的個體。他們能將廣泛的目標打散成更小的、更容易掌控的目標，以便逐步完成預期的改變。個人科學家在書面數據和治療方式方面，都相當具有彈性。前者如訪問家庭的次數、服務期間的長短；後者如服務的形式(包括具體有形的服務)、發掘新的治療技巧，或者採

用舊的技巧。然而，這裡所謂的彈性，並不應該延申為發展或使用對案主沒有幫助的技巧，雖然這些新意可能更有趣，或讓工作人員覺得更有創意。發展一項治療規劃時，研究和工作人員必須選擇最有潛力、能在最短時間內，產生最大效果的調解方式。相對於彈性，另一項個人科學家的特質是，樂意嘗試錯誤(trial and error)的方法。當個人科學家以平常的方法無法奏效，或者必須花費太長的時間才能達到效果時，為了尋找更有效的技巧，他們願意冒險，嘗試新的解決辦法。大部分的自我科學家發現，試誤法比起複製無效的標準處遇方式，的確能減少工作人員的挫折感。

　　至於哪些資訊可以用來斷定社工人員的處遇是否奏效，個人科學家必須對於資料的要素充分掌握。這些資訊可能由工作人員、案主本身，或是其他的重要關係人搜集而來。任何看似和評估、掌握治療執行和治療效果相關，都是可能的資料來源。這些資訊必須清楚列舉，再經由系統地搜集和分析。另一方面，當個人科學家堅持繼續完成工作目標時，這些資料就可以供作充分的資訊，作為個案重要決策的參考。如果評估資料持續顯示，某個嘗試過且無誤的(tried and true)規劃要素，無法幫助某位案主，工作人員就應該嘗試另一種方法。

　　個人科學家角色的一個重點是，社工人員也期待他或她的督導及案主，也同樣是個人科學家。如此一來，社工、督導和案主之間的關係更類似同事，而不同於大部分典型的機構或服務規劃(Haapala and Kinney, 1979)。對於曾經擔任社工、而且可能還持續關照一些家庭的督導而言，個人科學家的角色很容易勝任。甚者可達成改變的過程中，彈性、充分掌握資料、嘗試─錯誤，以及根據資料作決定，都使督導更容易掌控組員的

工作情況，並幫助他們解決困境。和督導保持平行的同事關係，有助社工判斷何時他們需要深入的討論諮商。個人科學家強調，每個人偶爾都會碰到瓶頸，沒有人能解決所有的問題。事實上，督導應該清楚地傳遞這樣的訊息，鼓勵社工請求協助。督導應該讓社工了解：社工都需要協助、社工並不是永遠確定下一步該怎麼走，以及提供積極性的在家服務(intensive in-home service)的確是一件困難的任務。

當案主採取個案科學家的角色，而變得更像社工的同事，社工和家庭成員之間就更能互相尊重。互相尊重可以排除抗拒改變的心理障礙，這在專業人士處理多重問題的家庭中經常發現。成為個人科學家的案主，能夠提供清楚的資訊，包括他們的生活處境、壓力來源，以及他們可以尋求協助、改變現況並維持改變的支助來源。

評 估

對個人科學家而言，評估通常意味一個持續不斷的過程，從第一次與案主接觸開始，一直到整個與該家庭接觸的過程。這反應出，個人科學家對資料掌握鉅細靡遺，而且，實務研究需要對案主不間斷的監控和觀察。

首先，評估是搜集廣泛背景資訊，以及對家庭問題的總檢。執行家庭評估時，「家庭重建者」的社工人員把案主對問題的描述，轉譯為特定的行為學術語，以具體說明某家庭遭遇的問題。這些資訊，將成為案主想要改變的目標。逐項選出目標後，其順位由社工和家庭成員共同排列。目標選定之後，評估過程

的焦點，將是目標進展的控管。

一、可利用的工具

在許多案例中，類似的工具可以同時使用於初期的資訊搜集，以及之後的觀察過程。最經常使用的，也是最基本的工具是面談，更確切地說，是積極聆聽(active listening, Rogers, 1957)。社工利用面談的機會，可以對問題的來龍去脈愈來愈清晰。舉例而言，起初父母可能抱怨他們的女兒完全不能接受父母說「不」。經過進一步地詢問，社工將得知，女兒提出那一種的要求、父母以哪一種態度說「不」，以及隨後父母和女兒的行為反應。如果這個問題後來成為治療的目標，社工也許會要求提供其他的訊息(仍然經由面談)，如家庭成員在整個應對過程中的想法和感受。

以初次的面談為基礎，對於其他搜集家庭問題的評估工具，可再選擇。模擬一場角色扮演，或者家庭調解過程中現場觀察父母拒絕女兒請求的情形，都是資訊評估的豐富來源(詳見Hersen and Bellack, 1981，討論觀察評估工具)。社工可以實際看到家庭成員是如何溝通的，而非藉助二手的陳述，二手陳述可能隱含部分的偏見。既然社工投注那麼多時間與該家庭相處，社工通常可以在積極性的家庭維繫規劃中，透過觀察來搜集資訊。一旦治療問題的處遇方式確立，社工就可以繼續觀察家庭成員，判斷他們是否運用處遇中的建議來改善問題，以及社工的處遇是否產生具體的成效。為了達成最大的效益，社工應該遵循一些家庭處遇的系統評估方式。這種評估方式可能是簡單的、全球通用的五分評量法，評估父母拒絕、或女兒平靜接受拒絕的有效性，或者社工喜歡實際計算某些行為，如使用

「我」的次數，或者直言無諱的情緒發洩次數。

　　另一種評估工具是請案主本身或重要關係人紀錄特定行為、認知或感受的頻率。在上例中，一或多位家庭成員也許會被請求紀錄女兒接受拒絕的頻率，他們也可能紀錄父母表示拒絕時，使用的特定溝通技巧。假設女兒開始試著修正父母拒絕時，心理產生之不理性想法，這時，女兒可以自己監控不理性的想法出現的頻率。

　　在部分案例中，標準的紙—筆方法常用來解決案主的問題。這方法很可能紀錄了問題的大致情況，而非細節的資訊。哈德森(Hudson, 1982)發展出一套簡易工具，處理一般問題，如心情沮喪、低婚姻滿意度，以及對家人的不愉快感受。有許多資源收集了大量的標準工具，便於為各種方法定位(Corcoran and Fischer, 1987; Edleson, 1985; Levitt and Reid)。從某些著名的例外看來，有不少工具更適合初次評估，而較不適合後續的監控，部分原因是完成這些量表所費的時間太長，不符現實。標準工具可能不夠細緻，不足以感應案主的進展，但它有助提供總體概念，如案主的態度、信念、認知和行為。

　　社工可以設計簡單的量表，通常是在該家庭的合作下，評估特定行為、情緒或認知。回到之前提到的案例，父母、女兒、其他家庭成員，或者社工本身，都可以利用五等分量表，不帶情緒地，對女兒接受「不」的能力評分。在五等分量表裡，至少前後兩項，以及中間項的敘述必須使用淺顯易懂、為評估者所接受的辭彙，清楚點出女兒的反應(詳細的量表設計見Blom and Fischer, 1982; Gottman and Leiblum, 1974)。這類的量表，對初步掌握案主在治療上的改變很有幫助。同樣地，他們應該定期地填寫評估量表，並且經過時間的累積，繪成圖表，相互

比較。

　　這些量表的不同處之一，是運用在部分密集家庭保護服務規劃的目標達成評量。如**表8-1**所示，「家庭重建者」的社工為每位案主完成目標問卷。問題的陳述是評估的結果，而且提供了行為學上對問題的具體陳述。相關的家庭成員與社工，共同決定最差和最好的結果，以及兩個極端中會有哪三種情況發生。每次從中圈選某項，社工和家庭對目標的達成就有一個度量。顯然，這對目標和問題陳述幫助很大，使目標達成的程度也更加明確。

　　有時，一個細心設計的度量規劃並不總能偵測目標達成的情形。許多案主的目標包括具體任務的完成，或者獲得服務或資源。例如，目標可能是清潔廚房、獲得管家服務、或者讓小孩和大哥親近。這類的目標非A則B，清楚地顯示任務是否完成，資源是否獲得。然而，當規劃處遇方式、評估目標是否達成時，明確舉出必須達成的目標項目，是非常重要的。這個動作看似基本，但這種簡單明瞭的指標絕不該被忽略，因為它們確實提供了治療進展的有效指標。

二、選擇評估工具的考量

從眾多可以使用的工具中，社工可能需要某些指導方針來幫助他們選擇評估工具。選擇時需考慮的因素包括：評估目標、邏輯思考和實際運作、信度與效度，以及是否能確實感測出案主的進展和改變。許多學者提到許多的相關問題，所以，這項討論將局限在一些和積極性家庭維繫服務較有關聯的因素(Bloom and Fischer, 1982; Blythe and Tripodi ; Tripodi and Epstein, 1980)。

表8-1　目標評量

目標1：改善Laurie對沮喪的管理技巧

家庭名：　　　治療者：Leavitt　　　提出目標者：家庭/治療者
目前狀況 (-1或-2)：-1 重要性：9 (9表示最重要./1表示最不重要)

問題陳述：
過去幾個月以來，Laurie一直覺得很沮喪，有時有自殺的念頭。上個月，
她兩度被安置在Fairfax醫院。由於這件事情，

-2　Laurie覺得沮喪，威脅要自殺。她仍被安置在Fairfax醫院。
-1　Laurie經常覺得沮喪，並不威脅要自殺。但考慮將她安置在Fairfax醫
　　院。
　0　Laurie有時覺得沮喪。不考慮將她安置Fairfax醫院，而且Laurie開始
　　運用沮喪管理技巧。
+1　Laurie偶爾覺得沮喪，並且運用沮喪管理技巧。
+2　Laurie極少覺得沮喪，並且運用沮喪管理技巧。

規　劃

第一周：從8/20/84至8/26/84　　　　　　　　　評分：0
　1.和Laurie定約
　2.介紹RET概念
　3.介紹生氣管理
　4.和Laurie培養關係

第二周：從8/27/84至9/2/84　　　　　　　　　評分：0
　1.承續先前的規劃
　2.建立危機卡片
　3.開始每日情緒評分
　4.施行RET

第三周：從9/3/84至9/9/84　　　　　　　　　評分：+1
　1.承續先前的規劃
　2.監控進展
　3.協助Laurie參與戶外活動

第四周：從9/10/84至9/18/84　　　　　　　　評分：+1
1.承續先前的規劃

如前所指出的，評估可能具有初步資訊搜集，或特定問題領域評量的形式。以先前的評估類型為例，社工主要是尋找呈現問題的背景資料。大致上，這類資訊對於形成假說和處遇方式的建議可能是最有幫助的。社工考慮的，應該是焦點不會過分集中、能提供家庭或目前問題概況的評估方法。問題量表、開放式的面談，以及紙筆記錄，也許能提供關於問題家題不少的背資料。一旦整合了案主的問題輪廓，社工需要更詳細具體的資訊，了解特定的問題和他們解決的方法。在這個階段，社工就必須尋求另一種評估方法，限定於某種問題，而且可以一再使用。此時，觀察和評分量表可能更切合這個目的。

無數的數據邏輯和實務問題，都會影響到評估方法的選擇。其中，工作人員最常想到的，就是時間問題。評估工作無法花費太多時間在行政管理、評分和解釋上，以致犧牲參與實際社會工作的時間。從一些著名的例外看來，如冗長的明尼蘇達多重人格量表(Minnesota Multiphase Personality Inventory)，這並不常發生。即使如此，積極性家庭維繫服務仍有延長社工與案主和家庭接觸的優點，當社工和家人談話時，另一位家庭成員能從容地完成量表。有些處遇介入太過隱私，以致於案主完成量表或紀錄資訊之後，有受公共公議的危機。 這種的評估計畫，應該避免。如果必須朗讀出來，語言的技巧水準必須符合當事人。而看似沒完沒了的詳細列表，可能會影響案主完成量表的心情。總之，選擇評估方法，以及隨後建立管理評量程序時，這些因素都必須考慮在內。

因為個案科學家對案主的進展持續地作出反應，並且視需要調整處遇方式，因此必須選擇能感測細微改變的評量方法。簡短有效的治療中，評量方法必須能迅速偵側到案主的改變，

以便社工和案主適時回饋。大致而言，愈能辨別大量問題層次的評量，愈能感應到改變。舉例而言，一份顯示一位孩童曠課頻率的數據，有時比一份顯示上星期該孩童是否曠課的數據，更有意義。

三、利用評估資訊，啟發治療規劃

治療規劃是根據每個家庭的評估結果量身訂做的。例如，在某個家庭，父母和青少年的衝突可能列為首要家庭議題，因而增加許多折衝和溝通技巧的輔導。對另一個同樣面對父母和青少年衝突的家庭，評估結果可能顯示，他們之間有太多的不信任和不愉快經驗，因此建議他們分開一段時間。找到目標問題的開端、或延續問題的相關資訊，也可用以啟發治療規劃的設計。

除了建立治療規劃，社工必須載明監控規劃效果的方法。對個人科學家而言，這兩者通常是互相關聯的。事實上，確認或建立監控系統的過程，的確會影響治療規劃。這種情況曾發生在一位即將臨盆的單親母親的案例上。這位母親有一個八歲的兒子，目前由外婆照顧。外婆、母親和小孩三代同住，但評估結果透露，外婆對於帶小孩顯得精疲力竭，不太願意再擔負養育另一個小孩的責任。對於該名母親養育未出世的嬰兒的能力，是出自一份對該名母親狀況評估，內容包括智能、其左手殘障，無法懷住或抱起小嬰兒，以及先前她一再迴避照顧兒子的事實。然而，這次該母親卻表達照顧小嬰兒的高度興趣，並且極願意學習必要的技巧。如此一來，治療目標很快便確立了：教導該母親基本照料嬰兒的技巧，包括餵哺、洗澡、刺激神經，以及與嬰兒互動的方法。評量方式包括讓該母親利用洋娃娃，

扮演日常照顧嬰兒的過程。因爲社工無法找到現有關於照顧嬰兒照料的評量方法，所以特別爲這位案主設計了一個。社工和她的督導設計了一張檢核表，條列哺餵、洗澡和換尿布的各項重要事項。例如，哺餵一項就分爲以下幾個步驟：正確準備嬰兒食品、檢查溫度及食品濃度、拿奶瓶的正確角度、撐住嬰兒的頭部和背部、誘發嬰兒吸奶的反射動作，以及每隔一段時間的打嗝。確認這張檢核表細目的過程，同時也等於條例了一整套要教給該名母親的技巧。如此，評估工具的建立，同時也預示了社工處遇介入的計畫。甚者，第一次運用檢核表的結果(當案主以洋娃娃充任角色扮演)，顯示案主已具備部分照料嬰兒的技巧，但仍需教授其餘的技巧。初次的評估結果，也可以幫助社工和案主了解一些環境的調適，可用來輔佐她傷殘的手臂。最後，從核對表歷次搜集的資料，得知案主能夠操控肢體的技巧，但在與孩子互動並予以適當刺激這方面，卻沒有明顯的進步。但社工和案主都同意，只以一只洋娃娃代替嬰兒時，這方面的實習的確很難進行。社工調整了處遇規劃，讓這部分留待嬰兒出世後，再繼續進行。

從個別案主的目標，監控整體規劃目標的進展

當「家庭重建者」與接受服務家庭互動時，提出以下三大規劃目標：(1)解決導致規劃處遇介入的當前危機；(2)恢復家庭機能至危機前的水準；(3)將兒童留在家庭。和大部分的家庭保護規劃一樣，「家庭重建者」以第三個目標—讓兒童留在家庭—作爲檢視規劃成效的標準，這一項在結案時，及之後不

定期的服務裡，都會持續評估。對每個規劃評估而言，最重要的有效性的評估，焦點應該是防止固定比例家庭分崩離析的能力。因為這是底線，也是衡量成功的最重要因素，因此有豐富的額外資訊，可供個人科學家式的社工處理和累積經驗。這些資料可以善加利用，作為設計個案處遇和整體規劃的參考，並且說明規劃完成的衍生目標。社工搜集來的資訊——因為他們關注的是：廣泛規劃目標下的特定個案，並且一一評估——以便提供不同的，也可能是更精確的規劃評估。以下段落將舉例說明各項規劃中，典型的家庭目標。

一、解決立即的危機

每個家庭引發家庭維繫服務的立即危機都是獨一無二的，但，幾乎在所有的案例中，如果家庭要繼續維持在一起，這個立即的危機必須解決。對某個家庭來說，家中的每下愈況可能導因於父親的失業、婚姻沮喪感的增加，以及孩子年紀漸長而變本加厲的偏差行為。而在另一個案件中，關鍵可能是如母親決定遠離父親，而父親的肢體暴力，導致了家庭維繫服務的介入。在另一個案例中，該家庭可能一直運作地不錯，直到一個送進寄養機構的孩子返家。該父母可能覺得他們無法管教這個小孩，因為他的行為變得更令人煩躁，父母因此要求機構的照料，從而導致庭保護社工的介入。

在第二個案件中，解決立即危機的目標可能是，母親和孩童必須遠離父親的暴力行為，而父親也必須停止暴力行為(對母親、對自己或是其他人)。這個目標是否達成的評估方法可能包括面談、觀察，甚至是重要關係人的報告。這項目標達成的結果，應該只有兩種：(1)目標中陳述的情況確實存在；或

者(2)否，它們並不存在。在第三種情況中，解決立即危機的目標，可能是尋求延長機構照料，讓父母有些喘息，並給予一些時間，為負起為人父母的責任做充分的準備。同樣地，結果應該也只有兩種，說明是否獲得機構照料。

家庭保護社工面臨的第一要務，是決定解除立即危機所必須做的改變。這將直接影響目標陳述。正如以上兩件以及許多案例，解決家庭立即危機，通常包括改變行為或環境條件。這一類目標的衡量，可用清晰、逐項編列可解決初步危機的條件，並利用面談，配合觀察，來評估何時目標確實達成了。顯然，這種條列方式在初步評估時就已完成，只是進一步強調通盤且詳細分析家庭情況的重要性。因為這些立即危機的本質和其目標二分法的特性，使監控的方法很少使用複雜的或持續的評量。這類危機的情況，在搜集問題層次的基本資料這方面，幾乎是不可能的。

綜合許多案件後，至少會得到的資料包括解決立即危機的比例數據。此外，也可以用歸類的方法，區分危機的類型。如果時間是一個重要的因素，家庭保護服務規劃可能有必要確定解決立即危機和各類型危機所需要的天數。也許也應該再費心解釋這些資料，畢竟有些危機的性質，需要更多或較少的時間達成結果。

二、恢復該家庭機能至危機前

評估和設定目標總是社會工作的重要環節，如果規劃一直存在著時間有限的本質，在積極性家庭維繫的階段，評估和目標設定尤其重要。因此，社工應該要多注意辨識所有主要的家庭問題，僅選擇重要者介入，讓該家庭機能回復到危機發生前

的水準。

　　一旦這些目標問題確認，社工必須設法先決定問題層次，再討論危機細節。這可以讓社工和該家庭，對問題解決的程度有清楚的概念。有助評估和監控的相同研究原則和技術，可以用來詳明危機前的問題層次。重建一個基準線的指導方針，可能有助家庭成員提供必要的訊息(詳見Bloom and Fisher, 1982)。在其他情況，個案家庭可能會期望，某些進展能超越危機前的運作水準，或者尋求另一方向的改變。社工必須在把兒童留在原家庭的大前提下，決定改變是否恰當。因此，研究原則和技術在載明目標這方面，仍相當有用。

　　一個相關問題的案例，即一位家庭成員情緒沮喪，所以治療目標可能是降低個人沮喪的水準，讓她不再自暴自棄，並且有能力擔負日常的責任。這項目標達成與否的評估，可由標準沮喪列表、請案主按時圈選沮喪程度的量表、每日監控案主沮喪症狀的核對表，或者是簡單的案主報告，關於沮喪的發生以及她負起責任的能力。當然，以任何方法所獲得的資料，都應該加上社工的觀察以及其他來源，確定案主潛在自殺傾向的訊息。

　　決定案主是否回復危機前的機能運作，可以利用任何一種本章先前提過的評估策略，端視目標的本質而定。在評估某家庭目標的達成之外，也可以依特定的分類方式，將資料加以整合，如對某家庭、對某個群組的所有家庭(如地理區域、通報來源、家庭暴力行為等等)，或者接受該機構服務的所有家庭。然後，可以評估每個目標是否達成，並且得到達成目標的加總。這種個人成績表的方式，可以形成各組個案目標成功率的總體印象。綜合分析技術—結合眾多案主目標，獲得的結果和數字

處理已被單一個案資料採用，也可以在其他方面加以運用 (Gingerich, 1984; Jayaratne et al., 1988)。

三、將孩童留在原生家庭

欲評估這方面的目標達成情況，社工必須詳明，在決定兒童可以留置其原生家庭之前，必須具備的客觀條件。這些條件可能發展成為家庭的目標陳述。這類的案例之一，是孩子對「不」的不能接受。檢驗案主對克服該問題的進展，社工和孩子的父母可以發展一種目標達成評分度量，描述孩子對「不」反應的五個層次，如**表8-2**所示。這個量表可以每天做，以監控孩子接受「不」的能力。

正如前一項範疇—恢復家庭危機前的機能—任何一項全方位的評估方法，都可以用來監控案主的進步。同樣的，資料可以如上所述，加以綜合。此外，孩子是否留在原家庭的以後服務資訊，通常是積極性家庭維繫服務規劃如「家庭重建者」所搜集的，也可提供更直接衡量的方法，說明整體規劃目標是否達成。

分析資訊，供個案決策參考

為了讓目標達成的資料，能做為治療規劃和其他個案決定的參考，社工必須例行性地檢驗監控訊息。分析資訊的兩種方法為觀察分析(visual analysis)和準統計分析(quasistatistical analysis)—中，前者可能是最適合家庭維繫社工的需求的。簡言之，觀察分析包括建立一個監控資訊的圖表，依據長期觀察

表8-2　目標評量單

目標2：增進Laurie接受「不」的技巧

家庭名稱：　　　治療者：Leavitt　　　設定目標者：家庭/治療者
目前狀況(-1或-2)：-1　　重要性：9(9表示最重要/1表示最不重要)

問題陳述：
當對方說「不」，Laurie會變得生氣並且大叫、爭吵、詛咒、罵人，威脅
要離家或自戕。

-2　當對方說「不」，Laurie會吼叫、爭吵，威脅要離家或自戕。
-1　當對方說「不」，Laurie會吼叫、爭吵超過五分鐘。
　0　當對方說「不」，Laurie會吼叫、爭吵不到五分鐘。
+1　當對方說「不」，Laurie會抱怨，但仍會接受，而且不會吼叫或生氣。

規　劃

第一週：8/20/84-- 8/26/84	評分：0
1.介紹生氣管理技巧。	
2.介紹接受「不」的其他方式。	
3.培養和Laurie的關係。	
第二週：8/27/84--9/2/84	評分：1
1.實際演練生氣管理技巧。	
2.實際演練RET。	
3.練習談判。	
第三週：9/3/84---9/9/84	評分：+1
1.承續前者。	
2.監控進展。	
第四週：9/10/84---9/18/84	評分：+1
1.承續前者。	

繪製，繼續以一些簡明的、掃描資料類型的指導方針，以分辨
案主是否循著預期的方向和夠快的速度進步。解釋建立圖表和
觀察分析資料的基本步驟的文本，是可以找到的(Bloom and

Fischer, 1982; Blythe and Tripodi, 付梓中; Sanders, 1978)。

準統計分析的方法，通常對評估案主進步的數據重要性，相當有幫助。他們不太可能用在家庭維繫服務工作中，因為大部分的這些分析，在社工調停之前即需要七到十個基線資料點，因此這在密集、短暫的工作過程中是不太可能使用的。Jayaratne(1978)和Bloom與Fischer(1982)，還有其他學者，描述了這些準統計過程；Bronson and Blythe(1987)開發了一種電腦程式，把個案紀錄所得的資料繪成圖表，並完成了準統計分析。

只要社工對致力案主的改變(或缺乏改變)有興趣，就必須費心分辨執行上的失敗與治療法的失敗。換言之，如果一位案主並未如預期般進步，個人科學家式的社工就應該檢討治療規劃，避免將來再採用不奏效的調解法。然而，在做這個決定之前，社工必須確定他們的確是按照規劃的步驟執行規劃。舉一個簡單且常見的例子，社工可能會要求案主運用暫時放鬆的方式，降低孩子反叛的行為。不幸的是，案主有時根本不按照我們的建議行事，或者只是斷斷續續地進行，或者是做錯。社工在重新檢討治療規劃之前，必須檢查是否有上述的執行錯誤發生，尤其是當該規劃先前的記錄都相當成功，這次卻未能奏效時。

條列積極性家庭保護處遇的要素

若有一機構結構允許並鼓勵以創新的方法處理個案，積極性家庭維繫規劃的社工時常會發現一些創新且有效的方法，處理案主的問題。當個案負荷少、治療期間短、有督導供諮詢，

即是社工嘗試新方法的理想情境，尤其當舊方法失效或不適用，或者案主出現不尋常的狀況。同樣地，把案主視為個人科學家，並且帶領他們進入問題解決的過程，通常會得到意想不到的解決方法。

新發展的處遇方法極少利用截然不同的過程組，但卻包含對試驗過、可用的方法的小創意或小調整。例如，一項針對一位小男孩的治療目標是，希望他每天早上能自動自發地完成晨間作息。為了協助他，社工要求男孩自己把每天該做的事錄成錄音帶，每天早上播給自己聽。這項「創發」(innovation)果然相當有效。

當監控資訊顯示，目前的處遇方式未達到預期的效果，就可能會使用檢驗過且正確的處遇的方式。一位八歲女孩和其母親的案例，在彼此努力適應的嘗試性處遇中，展現了案主和社工皆為個人科學家的角色。小女孩Susan近一個月來，一直拒絕上學，原因是大概一個月前，Susan和她的朋友在學校遊戲場看到一個暴露狂。社工處遇的第一步，是讓Susan轉學，並讓她母親陪她上學。為了鼓勵Susan上學，社工以送小禮物以及和姊姊上麥當勞為交換條件。這個辦法起初奏效，但是到了第二天就失效了，社工和母親於是決定把Susan強行帶到學校，但這個規劃也很快就失敗了，因為小女孩對上學顯然有很深的排拒感。由於原先的獎勵法奏效，社工和Susan的母親又決定製作一個圖表，讓Susan可以因為上學獲得貼紙或獎品。這個方法，在Susan的母親陪她上學的時日都非常有效。然而，學校的人事單位開始對母親陪小孩上學表示關心。經過會議討論，決定同意讓Susan的姊姊獲得高年級的特別榮譽，可以在每天午，擔任Susan班上老師的助理，這也可以讓她母親離開

學校，處理家理的瑣事。過了一段時間，老師給Susan的母親一些在教室外做的工作，讓她在早上和中午時分，慢慢和Susan保持一段距離。

這個案例顯示，雖然並沒有採用南轅北轍的處遇方法，社工和案主共同努力，建立了一個有效的折衷辦法，仔細描繪學校的鼓勵和支持態度，可以在整個規劃中派上用場的部分。如果社工只一昧地嘗試新法，忽略了明確指出新方法中的要素，並將其散布給其他同事，這次的創新就不會有超越原來測試的結果。詳列並散播新方法，目前已廣泛使用(Fraser and Leavitt, 本書第九章; Thomas, 1984)。

成為個人科學家的支援

稍早，我們已大致說明個人科學家的特質。希望本章進一步說明了個人科學家運用實務研究原則和工具的方法，並增長了我們對積極性家庭維繫服務的了解。一方面，這些特質必須是社工成為個人科學家的必備條件；另一方面，也需要其他某些支援。除了需要有個人科學家特質的督導，也需要更龐大的行政結構支持，甚至協助完成所需的彈性作法。另一方面，行政人員也必須深切了解個人科學家模式的重要性，以及其對實務研究發現的潛在貢獻(Briar and Blythe, 1985)。

顯然，有一群同樣採行個人科學家邏輯及運用實務研究工具的同僚，可能會是一股重要的影響。一群志趣相投的同僚產生的同儕壓力、期望、影響和加強作用，以及俯拾即是的同儕建議，也可以為這種途徑提供支援。未釐清的部分是機構大小

的重要性，尤其是與同儕支援相關的這部分。當機構愈大，社工彼此交換實務研究結果的機會相對降低，甚至根本不可能。

　　雖然不是必需品，但一套電腦化的案主資訊系統，確實能提高社工在提供積極性家庭維繫服務中，扮演個人科學家的能力。這種電腦系統能紀錄案主目前的問題、目標、評量目標達成的方法、調解情況和結果。如此一來，社工就可以立即得知本身和其同僚目前和先前案例的相關訊息。經過縝密的設計，這套電腦系統可以成為一個資料銀行，記載有效和無效的調解案例、評估目前狀況和進展的方法(Briar and Blythe, 1985)。事實上，這套系統也許可以解決機構成長、社工間溝通減少的潛在問題。此外，它也可以符合部分機構的需求，整合案主、服務內容和結果的資訊，作出規劃評估。

　　即使完全列舉協助社工成為個人科學家的條件，改變一位社工習慣的過程，包含案主進展的例行監控，起初實在需要相當的時間和努力。也許，最難克服的問題是學習設計評估計畫，需要針對個別案主的問題，而且不至於太複雜。一般新手可能會設計一套精密的評估計畫，看起來一板一眼的，結果卻消耗案主和社工太多時間來完成。另一個必要的步驟是讓過程個人化，這樣可以使它適合個別社工的風格。舉例來說，大部分社工會想要發展一種方式，向案主導入衡量進展的概念。這項工作，必須選擇適當的方法和時間，使其與社工正進行中的工作不相抵觸。和許多事一樣，熟能生巧。社工將會發現，當運用實務研究方法變成他們工作上的一部分，整個過程的時間就會縮短。雖然運用這些方法總是比不用更費時間，但是使用的結果將獲益無窮。

參考書目

Bloom, M., and Fischer, J. (1982). *Evaluating practice: Guidelines for the accountable professional.* Englewood Cliffs, NJ: Prentice-Hall.

Blythe, B. J., and Tripodi, T. (in press). *Measurement in direct social work practice.* Beverly Hills, CA: Sage.

Briar, S., and Blythe, B. J. (1985). Agency support for the outcomes of social work services. *Administration in Social Work, 9*(2), 25-36.

Bronson, D. E., and Blythe, B. J. (1987). Computer support for single-case evaluation of practice. *Social Work Research & Abstracts, 23*(3), 10-13.

Corcoran, K., and Fischer, J. (1987). *Measures for clinical practice.* New York: Free Press.

Edelson, J. L. (1985). Rapid-assessment instruments for evaluating practice with children and youth. *Journal of Social Service Research, 8,* 17-32.

Gingerich, W. J. (1984). Methodological observations on applied behavioral science. *Journal of Applied Behavioral Science, 20,* 71-79.

Gottman, J. M., and Leiblum, S. R. (1974). *How to do psychotherapy and how to evaluate it: A manual for beginners.* New York: Holt, Rinehart, and Winston.

Haapala, D., and Kinney, J. (1979). Homebuilders' approach to the training of in-home therapists. *In* S. Maybanks and M. Bryce (Eds.), *Home-based services for children and families: Policy, practice, and research.* Springfield, IL: Charles C. Thomas.

Hersen, M., and Bellack, A. S. (1981). *Behavioral assessment: A practical handbook,* 2nd Ed. New York: Pergamon.

Hudson, W. W. (1982). *The clinical measurement package: A field manual.* Homewood, IL: Dorsey.

Jayaratne, S. (1978). Analytic procedures for single-subject designs. *Social Work Research & Abstracts, 14*(3), 30-40.

Jayaratne, S., Tripodi, T., and Talsma, E. (1988). Comparative analysis and aggregation of single-case data. *Journal of Applied Behavioral Science, 24*(1), 119-128.

Levitt, J. L., and Reid, W. J. (1981). Rapid-assessment instruments for practice. *Social Work Research & Abstracts, 17,* 13-20.

Rogers, C. R. (1957). The necessary and sufficient conditions of therapeutic personality change. *Journal of Counseling Psychology, 21,* 95-103.

Sanders, R. M. (1978). *How to plot data: A manual for students, researchers, and teachers of the behavioral sciences.* Lawrence, KS: H & H Enterprises.

Thomas, E. J. (1984). *Designing interventions for the helping professions.* Beverly Hills: Sage.

Tripodi, T., and Epstein, I. (1980). *Research techniques for clinical social workers.* New York: Columbia University.

第九章
創造社會的改變：「任務」
導向的研究與企業精神

Mark Fraser and Shelley Leavitt

許多富有新創意的治療規劃陸續開發出來，後來又失敗了。為什麼「家庭重建者」不但繼續存在，而且普遍為大眾熟知？這個問題的答案，部分得回歸規劃發展所根植的內在精神：融合以實證為基礎的服務、企業管理和社會行動。

　　大部分的行政人員都鼓吹他們的規劃，但「家庭重建者」的工作同仁做的更多。在七〇年代，他們為保護兒童的公共政策大聲疾呼，採取強硬的行動，呼籲重視兒童福利體系裡，一些不必要、卻被迫離家安置因而受害的兒童。他們的鼓吹行動，遠超過一般規劃募款所需付出的努力。他們要求的，是社會改革。

　　「家庭重建者」的工作人員因此成為敢言直諫的社會運動鼓吹者，也是「企業家」。他們強烈抨擊當時的兒福體系，花費太多的資源和精力製造替代家庭，而忽略了強化每個家庭的功能。他們發展了一套規劃，彌補公共政策制定者所忽略的。他們利用資料提升服務品質的堅持，也提供了充分的資訊來證明，所以家庭核心式的家庭保護規劃，相較於離家安置，是可行且符合人倫的另一種選擇。在建立一個新規劃的同時，他們確實有助社會的改革。

　　以「家庭重建者」為例，本章將描述在機構層級上，如何促進公共政策的改變。尤其，我們也將討論，有助政策目的或「任務」的資料搜集。最後，既知「家庭重建者」機構的特質即是專家意見、行政技巧和鼓吹方法的融合，規劃研發和專業訓練的意義，將成為本章討論的重點。

影響社會改革的勢力

在任何時刻，都會有兩股勢力，分別助長和打擊新的公共政策，或者從更寬闊的角度影響了社會改革。我們不清楚是否真有一門科學能具備明確的原則或社會改革，或者社會改革只不是時間和當時情況的折衷混合，只是歷史的過程[1]。這一直是社會學者和歷史學者爭論的熱門議題(Boudon, 1986)。然而，鼓勵創意和保留現狀的兩股勢力之間的消長，組成了公共政策改變的比例。

一、保留現狀的勢力

實務執行中，有各種勢力會阻礙創新、限制創意，傾向維持現狀。這些勢力包括法條、傳統，以及所謂的「實務經驗的智慧」，這些都是保守行為觀念的代表。但助長現狀的勢力也包括募款形式和慣例，要求新機構提供擔保、接受贊助前至少運作二至三年、獲要有評估資料顯示該規劃具有相當的影響力，以及要該機構的確由專業人士組成。在同樣的概念下，社工的專業訓練和教育以及專業聯盟，也都傾向狹隘的保守觀念，將創新、不尋常和帶點冒險的理念排除在外。

二、製造契機的勢力

相對於維持現狀的勢力，是一股主張改變的力量。這些力

---

[1]接下來關於影響變革因素的討論，並非畫蛇添足。因此，我們在內文中加入幾個重要的參考資料，或許對社會改革有興趣的讀者，是有用的起點。

量包括社會風氣，如官僚系統的複雜化、生產自動化、電腦技術的進步，以及Thomas Kuhn(1970)所謂的「異例」(anomalies)，或現今概念不相符的訊息。異例會產生矛盾。它們會誘發再思考和理論的修正，且通常他們還會導致對傳統智慧的否定。

在社會工作的領域中，傳統智慧會受到評估結果的影響，顯示創新的規劃確實是有效且前景是可預期的；另外，規劃也受到社會評論家的左右，他們會指出教育者、決策者以及實務操作者信念中的異例。現狀也受到社會風氣對非專業化，如雇用的標準取決於工作能力而非專業知識，以及社會對多元文化的接受的限制。曾經主導美國政治思想文化的「融爐」概念，已被文化「沙拉吧」的概念取代，鼓勵不同種族文化，並視之為成就獨特社會文化的要素。在社會服務中，多元文化實務的豐富性，的確增強了社工專業，但也挑戰了不少傳統的實務規範。

這些因素可能被認為是源自內在的，或是內生的改變，但改變也可能是來自外在或外來的因素。從歷史上來看，外來影響的最明顯例子是十八世紀時，傳教士無心把歐洲的疾病帶到夏威夷，因而引發了可怕的傳染病。

在社會福利中，外來影響在公共政策和最前線的實務機構兩方面，都造成了改變。五〇年代初，在法國發現熱帶心理藥物治療法(psychotropic medications)，使治療心理疾病產生重大改變成為可能。加上外來的諸多影響如公會、勞工法、調查性報導、社會運動(如訴訟和公眾抗議，要求改善身心療養院的環境水準)，以及熱帶心理治療法的發現，促成了國家體制裡，心理健康中心的設立。各種研究和研發計畫，如熱帶心理治療的研發，以及專業訓練或知識普及計畫，都有助改變現狀。

最後，訴訟也可能造就改變。微不足道的判例法，經常導致影響廣及全國的行政決策或立法。殘障兒童教育保障法案(Education for All Handicapped Children Act, PL 94-142)和撫養協助及兒童福利法案(Adoption Assistance and Child Welfare Act, PL 96-272)的成功，有部分是從一項極力主保障未成年兒童權利的訴訟案初期就展開的。

在維持和改變現狀的兩股勢力之間，恆存著一種衝突。這兩股勢力或多或少都影響到社會政策。它們的角力狀況，影響到改變的比例，綜觀歷史，這個比例經常變動(Chirot, 1986)。倚仗著領導人的毅力和推動改變的勢力，我們在公共政策快速重整的時期，成功地多次進出。

社區領袖和企業精神

從創造充滿新意的規劃和鼓吹新公共政策的熱情而言，「家庭重建者」實堪稱促成社會改革的企業家和社區領袖。如前所述，多種因素影響著社會改革。然而，不可忽略的是，改變不是因為許多人的努力才促成的，而社區領導是促成改變的重要元素，而這也是「家庭重建者」模式的要素。

社區領袖通常篤信三項信念：(1)在社會互動的情境下有助創意(而且人通常在開放、誠懇的氛圍，及各種意見可理性檢驗的情境中，才能有最佳的表現)；(2)大規模的變革，是漸進改變的結果；(3)對行動有特殊的信念或偏好(Joiner, 1987; Tornatzky, et al., 1980)。一九七四年，當「家庭建立者」規劃肇始時，總召集人並不相信他們對離家安置的問題有完美的解

決之道，但他們卻致力探取行動策略，讓問題家庭仍維繫在一起(Kinney et al., 1977)。他們專注於創新的機會，而非對既有資源的掌控，並對他們認為有助進展的事採取行動，從這個觀點看來，他們既是領袖，又是企業家。

一、法人組織的企業精神

企業家一向重視挑戰和行動，而行政官員重視的是管理和掌控(Hisrich, 1986)。兩種觀點確實都很重要，而且他們的立場也不全然對立，但要一位企業家成為行政官員卻相當困難。「家庭重建者」一個行為科學研究所的跨州分部，就因為其長期的企業精神而脫穎而出。它成立的十五年後，已經成為一個鼓勵創新的組織，鼓勵工作人員以新鮮的點子突破傳統，以新的方法解決危機家庭的困境。

二、挑戰導向的管理

同時，「家庭重建者」的行政人員和督導，都是在挑戰中運用操控力的管理人。他們對「家庭重建者」模式的本質非常清楚，打破傳統的過程也有清楚的定界。該模式鼓勵治療者接受挑戰，但要避免(可能傷及兒童、父母或工作人員的)冒險。舉例而言，對協助案主發展社會支援網有興趣的社工，可能會研發一種特殊的規劃，嘗試導入社會支援的介入。但這項規劃若缺乏仔細的監控或「家庭重建者」的基本服務，就不可能付諸執行。在合理的範圍內，以及以經驗為基礎的實務觀點，企業家精神在組織內頗受鼓勵。以挑戰為中心的管理和掌控，是組織領導的主要特質。

「任務」導向研究與「個人科學家」

致力社會改革、企業形態管理和經驗爲基礎的實務，都促進了「家庭重建者」服務精神的奠定。如Blythe所提出的(詳見本書第八章)，「家庭重建者」鼓勵工作成員當成「個人科學家」。他們在治療過程中運用資料，他們的督導也在督導過程中運用資料。總之，他們活用研究訊息，提高機構的使命。換言之，他們用仔細設計過的評量方式搜集資料，以達成政策和臨床治療的目的。

長久以來，部分專家就認爲，服務人群其實就是一個政治的過程(Withorn, 1984)，雖然「家庭重建者」承認這點，但他們帶著更宏觀的眼界。在他們看來，搜集資料的目的是爲了測試新的臨床觀點，以及提升機構的政治任務。他們的研究是任務導向的。他們堅信實務中的企業家精神，和社區領袖的角色。因此，「家庭重建者」同時是個人也是政治科學家，因爲他們搜集的資料一方面用來精進他們的服務工作，另一方面也用來支持他們在家庭保護範疇的公共政策。

一、實務的發展模式：一個「任務」導向

發展研究是促進創意和社會改變的力量。從測試計畫到舉國皆知的「模範」兒童福利規劃，「家庭重建者」是一個很好的範例，說明規劃發展和普及的運用研究模式。

研發的目標，是製造社會技術(social technology)成爲符合社會工作目標的技術(Thomas, 1978)。正如同機械的研發模式，

人群服務的研發，也是爲了創造新的產品、新技術，以引發社會的關注。Tomas所指出的研發和運用模式，包括五個層次：分析、發展、評估、傳播和採行。雖然每個層次不像「家庭建立者」規劃那麼按部就班，但每個層次的基本動作仍然必須遵守，茲分析如下：

(一)分析─確認需要

「家庭重建者」規劃剛起步的時候，如同其他全國認可的規劃(Blase et al., 1983)，只是反應兒童福利領域的一個需要。七〇年代初期，有愈來愈多的人開始關心日漸增加的兒童離家安置問題。兒童福利體系和當時的社會社區服務，無法如預期般運作。不少兒童被迫與他們的家庭分離，從一個安置地點移到另一個安置點。隨著移置案例的增加，替代家庭或機構的花費，漸漸成爲一項公共議題。這套體系並不盡然對兒童或家庭造成傷害，但這比花費實在可觀。此時，對新社會技術─創新的處遇方法─解決問題的需求，日益明顯。

(二)發展─設計技術

利用得自於社會工作、心理學、諮商以及「家庭重建者」規劃的資料和技術，形成應對的法則。應用行爲分析的相關研究顯示，教導父母如何擔任孩子成長的觸媒的確也產生可觀的效果(Patterson and Reid, 1973)；此外，在其他場合(如學校或機構)發展出的技術(處遇方式)，也成功地移轉到了家庭(Christopherson et al., 1972)。

以個人科學家自詡，「家庭重建者」工作人員在調解中「實驗」、評估成效，而且利用評估資訊改變規劃模式的設計。隨著研發的進行，規劃的要素愈來愈明晰。採用的在家服務(in-home service)模式，包含特定的組成結構(如四至六星期的時

限、兩個家庭的個案負荷量、二十四小時隨傳隨到)、特定的處遇策略(如建立技巧、具體服務的提供)、以及一套特定的價值觀(如將案主是為同僚)。新技巧是創新規劃的要素(如高專注度、密集的在家服務)和經驗奠基的實務技巧(如技巧訓練)的組合。假以時日,治療者和督導所使用的特定技巧,以及特定的行政架構和過程,都會加以確認並精確定義,讓新手可以依樣訓練,也讓該模式可以在其他場合複製延伸。

(三)評估—評鑑規劃

發展的過程中,「家庭重建者」模式的實驗和田野執行誕生了。利用行為科學研究的方法論,結果(如避免移置的比例、行為改變)、過程(如服務密度、臨床和具體服務),以及案主滿意度的數據資料都一一詳錄。有關「家庭重建者」和移置規劃的花費資訊都加以搜集,並做成兩者花費的比較。透過這些例行的評估工作,某模式的有效性和其本益分析便一目了然地評鑑出來。一九七六年和一九七九年做的群體比較研究,提供了規劃有效性的詳細資訊。這些研究計畫以及持續的規劃評估,不僅可以使社工技術精益求精,也為規劃的散播和宣導更添動力。

(四)傳播—普及訊息

「家庭重建者」模式的傳播和宣導工不斷地以不同形式的需求產生當該模式的定義愈來愈清楚的時候,員工訓練的素材和訓練工作室便應運而生。隨著新資料的搜集和技術的琢磨,現存的訓練素材會逐漸更新。實務、研究和訓練之間的依存關係,在早先已建立;少了它,資訊的傳布和該模式的大規模採用,就不會如目前般順利。

一九七五年以來,有關「家庭重建者」的消息廣在各種媒

體上散布，包括專業期刊和書籍、對專業人士或公共團體的簡介、報章雜誌的專文、電視和廣播節目等。結果，對相關訊息的詢問如雪片般飛來，於是又有額外的解說產品和素材。過去幾年裡，不少人對於在其他領域複製「家庭重建者」的規劃，似乎特別感興趣；同時，對淺顯易懂的訓練和基礎發展過程及素材的需求，也與日俱增。這些需求包括：(1)協助公立或私立機構設計類似「家庭重建者」的規劃、案主途徑、人員任用、訓練草案的資訊素材，以及諮商過程；(2)提供持續訓練和技術協助，任用工作小組成員、督導和行政人員；(3)成套的基礎發展訓練，包括為期一至二年有系統的、可理解的技術支援和訓練。

　　宣傳的工作不應僅限於服務提供者，況且「家庭重建者」的訓練規劃也欣賞許多關心家庭維繫問題的公立或私立長官。而規劃的訊息、成本效益、服務精神等，都廣為宣傳介紹給國家立法者、法官、政策決定者，以及意見團體。「家庭重建者」的工作同仁已在諸多單位作證遊說，包括美國國會委員會、華盛頓州議會，以及其他三州的立法委員會。

(五)採用─執行該規劃

　　在紐約州，為長期執行「家庭重建者」而設立的州基金，於一九七六年爭取成功。利用從治療和成本效益獲得的數據資料，「家庭重建者」的工作同仁不斷尋求獲取其他基金和支援的機會，以擴大服務範圍。從一九七四年開始，該規劃已成功地在華盛頓州的四個郡實施；到了一九八七年，服務範圍廣及紐約州的布朗斯(Bronx)；一九八八年，服務範圍又在華盛頓州擴張了四個郡。從大環境的角度看來，「家庭重建者」模式策略的採用，並不局限在華盛頓和紐約州。一九七八年到一九

八八年之間，超過二十五個州採行了以「家庭重建者」本位的規劃，還有更多宣導的、大規模的基礎發展活動，在其他五個州進行著。協助他人採行家庭保護規劃，是「家庭重建者」和其他規劃的不同之處。他們的理念是，社會福利規劃有臨床服務的責任，也應該具有社會責任。

二、任務導向實務中，創造社會改變的議題

「家庭重建者」的例子，其發展和擴張以及對公共政策的影響，顯示了三項任務導向實務的要素，茲分述如下：

(一)敢於冒險

一個表現在「家庭重建者」任務和設計的突出因素，是它樂於接受挑戰，不論是個人或是專業上的冒險。與其維持現狀，「家庭建立者」的成員願意實驗不同的服務方法，可能和傳統的服務相當不同。舉例而言，他們分別接觸案主(同一時間只有兩件個案負荷)，而不是同時和多位見面(二十至四十件的個案負荷)。服務的設計注意到可親度、密集度，並且為各個案家庭量身打造。人員訓練與持續的評估、回饋，都視為整體規劃的一部分，並且容許不斷的檢驗、改進和創新。甚者，他們把焦點放在家庭和其背景，而非單注意兒童也是「家庭重建者」和其他傳統兒童福利服務或體系所面臨的不同挑戰。採取這種新角度，一組新的案群：有兒童面臨移置危機的家庭，於焉成形，並且伴隨新的切入途徑。

甘冒個人和專業的風險，也是治療方法發展和執行的基本要素。「家庭重建者」成員經常遇到無法預測，有時甚至是冒險的情況；而治療者或諮商者以「治療」的名義所應做的事，有時似乎超過界限，例如有些案主請求治療者代為看小孩、代

為發言、幫忙家裡打掃、幫忙載送，或者提供電話號碼。以專業的角度，該規劃橫跨訓練(社工、心理學和諮商)和人群服務機構。對兒童福利個案所採行的技術，通常和對心理健康、青少年犯罪和殘障個案所用的技巧，所差無幾。七〇年代中期(從某種角度，可說直到今天)，該規劃不僅含括創意的技術和切入方法，更反應了一種非傳統的，處理兒童和家庭問題的思考模式。

(二)確實說明模式內容

促進改革的另一股力量，似乎是定義非常明確的。根植於理論和研究、而非軼事或傳統的規劃模式。與其給人「無價值觀」的實務印象，「家庭重建者」清楚定義其價值觀，並只採行符合這套價值的方法(詳見Blythe，本書第八章)。明確地定義實務模式，有助系統的訓練、監控、傳播，並防止社工人員「濫權」的可能性。

(三)逐步操控模式

利用數據資料改進技術，是影響服務品質和公共政策的主力。如前所述，在「家庭重建者」規劃中，包括對過程和結果的仔細監控，案主的改變也持續評估。「家庭建立者」成員最根本的理念是，他們的學習——即駕馭家庭保護必要的技巧駕馭——是基於持續回饋的系統過程。「家庭重建者」成員持續琢磨他們的技巧，發現新的運用方式，而非停滯原地的當個該模式的「大師」。

規劃發展和專業訓練

在「家庭重建者」的經驗中，蘊含了許多家庭保護規劃主管和成員的借鏡。也許最重要的是，其重視實務的經驗、企業精神管理，以及對公共政策的熱衷，可以在社會機構中並存。在「家庭重建者」中，任務導向的研究、企業領袖和社會行動，似乎共同造就了組織的成功。

一、家庭保護規劃發展的意義

一般人都會將「家庭重建者」的成功歸功於一群獨特且有天分的領導和工作人員，或者說，有一群「傑出人才」的要素。雖然這句話可能部分，或全部是正確的，但似乎更該強調實務原則，它們也是這個組織的大功臣。在這一節，我們將嘗試從「家庭建立者」的經驗中，抽絲剝繭，找出一些可以運用到其他家庭保護規劃的原則。

(一)必須被鼓勵規劃成員確認和開拓機會，增加規劃資源

通常家庭保護規劃被視為「非傳統」，而他們所分配到的資源也相當有限，而且他們的表現也被認為不夠穩定(即顯示離家安置的個案減少)。在「家庭重建者」經驗的基礎上，新規劃資源的開發和現有資源的掌握，也許是同等重要的。在「家庭建立者」中，企業家精神成功地和行政控管結合，創造一種新的組織氣氛，讓員工發自內心地對家庭保護模式產生歸屬感，並尋找新資源以提高該模式的效能。簡言之，工作人員對發展一個實務模式，以及對改革和家庭保護規劃相關的公共政

策都有興趣。如果我們概括「家庭重建者」的經驗，家庭保護計畫從總監到前線社工，似乎都因站在時代的尖端，以及對政治和臨床目標的使命感，而感到更有活力。

(二)規劃成員必須具有社會生態學的眼界

「家庭重建者」的臨床和社會改革觀點，得自於人類行為的社會生態學(Bronfenbrenner, 1979)，將具體和臨床的服務延續到家裡，因為工作人員體認到，不幸的家庭經常為極簡單的生活必需(在物質需求的情況下)弄得手足無措，所以冀望他們從治療中學習是非常困難的(Dumas, 1984; Wahler and Dumas, 1986; Whittaker and Garbarino, 1983)。為了讓治療條件更完善，「家庭重建者」的成員便橫向地與其他組織接觸，以開發資源，日間看護、經濟協助、健康看護和通勤運輸，這些可能對個案家庭非常有用。

社會生態學的角度也是「家庭重建者」的行政特色。規劃總監了解到，他們必須和更大的社會機構和政治環境互動，以求得生存。他們拜訪重要的州政府官員、在議會的公聽會上作證、在社區演說、在公立學校講演、在大學授課、邀請學院人士加入委員會或諮商的陣容。基於對案主和計畫觀點重要性的了解，他們同時是規劃的鼓吹者，也是社區的教育家。

(三)服務的開展必須詳細說明

「家庭重建者」的處遇工作是按部就班的，服務的指導方針也是確實實行的。社工有時需要到案主的家中工作。服務的期限是四星期。一百種的超過部分屬於「家庭重建者」模式的具體和臨床服務中，治療方法主要著重在關係的建立、增加家庭成員的溝通，以及建立父母或兒童的管理技巧(服務要素的深度分析，詳見Lewis, 1988; Kinney et al. 付梓中)。重視細節

是「家庭重建者」服務進展和執行的特徵，讓工作人員清楚治療模式，並利用經驗法則來強化。服務的透明度似乎成為成功的家庭保護規劃的重要因素。

成功的任用、訓練和評量也要靠細心的規劃概念和執行。在「家庭重建者」中，規劃變成一種次文化，讓同仁和總監擁有相同的價值、領悟和使命感。這樣的團體促成任用新人標準的建立，也令老手能開展嚴格的在職訓練計畫。因為服務準備的標準非常明確，評估服務的執行和結果也就不成問題。

(四)搜集數據資料的必要性，與提升規劃的「任務」

在「家庭重建者」裡，數據資料是搜集來提高規劃的臨床和社會行動任務的。成員主動地辨認一些評量，如服務準備(服務目標達成)、結果(移置率、移置期、治療結案後在社區的天數、案主對家庭問題的報告)等，可保證該服務確實能協助家庭的資訊。他們的評估工作是「任務導向」的，目的是修正治療模式，集結宣導活動有用的證據。任務導向的資料搜集策略，似乎提供了規劃總監和同仁有力的訊息，協助促成家庭保護計畫，並支授與家庭有關的公共政策。

二、社會工作教育的內涵

「家庭建立者」規劃的經驗，也是社會工作和人群服務教育者很好的教材。在社工的層次上，所需的臨床和研究技巧，顯示社會工作教育者重視實務評估的研究技巧是正確的(社工教育諮詢，Council on Social Work Education, CSWE, 1982)。但「家庭建立者」強調處遇的有條不紊與利用研究，宣揚公共政策的做法，也引發了其他重要的議題。

(一)實質的和處遇的知識必須結合

「家庭重建者」模式是特別為危機家庭發展出來的。兒童受虐的原因、犯罪、婚姻暴力和心理障礙的知識，以及危機調解、為人父母訓練、溝通技巧與關係建立的知識結合起來，得以創造該模式。

「家庭重建者」模式的發展，說明了社會工作教育必須專注於和社會問題有關的病理學或實質性的知識，以及處遇方法的知識，不可偏廢。「適合」特定社會問題的處遇方式，只有當社工在實際和臨床上都有相當的理解，才能建立起來。因此，社會工作學校應該訓練學生吸取有關社會問題的專門知識，但也不要忘了教授符合問題導向實務的處遇方法，因為只專注於方法是不夠的。

(二)對基礎研究方法和單一主題設計的了解，並不足以讓社工評估實務情況

最近的資料顯示，許多社會工作學校將CSWE關於研究訓練的指導方針解釋為：基礎研究方法加上單一主題設計的課程，便足以讓學生擔負評估實務工作的任務(Fraser et al., 1988)。「家庭重建者」的實證經驗顯示，實務評估社會行動和臨床目標都是有益的，也暗喻研究課程應該包含更寬闊的領域。

也許我們應該更強調臨床的評量和統計。「家庭重建者」成員選用符合不同案主的策略目標和整合資料的評量方法。甚至「家庭重建者」利用質量並重的方法，進行任務(Fraser and Haapala, 1987)。

如果「家庭重建者」的經驗被選為構思學校裡社會工作的研究課程，許多學校的課程內容顯然是不足的。由「家庭重建

者」的切入法推斷，研究教育應該包括：(1)發展研究模式的探討；(2)統計學(變異分析analysis of variance、迴歸分析regression analysis、非母數統計nonparametric statistics)；(3)質/量評量。社工必須能將問題概念化及測試新的社會學技術，分析廣泛的案件資料、開發臨床的度量法，才能通過挑剔的立法者、實事求是的學者和相關社區活動的考驗。

(三)社工應該受訓，爲他們的實務方法宣傳

一九八六年，CSWE放棄了其爲學生成爲社工的課程而研究的宗旨，改爲宣傳實務知識，這點我們應該慎重考慮。

期望MSW的社工在期刊上發表文章似乎是不切實際的，但如「家庭重建者」的經驗所顯示的，社工可以同時是個人科學家，又是社會改革的觸媒，傳播實務經驗的知識。要兩者兼得，需要指出無效的、不再適用的實務方法；利用案主資料，修正規劃服務(使它們更具效力與效率)；並利用整理的資料，鼓吹新的公共政策。有效的訓練者或發言人必備的技巧，和開發或書寫專文或專論所具備的技巧是類似的。學生應該有能力組織他們的想法，成爲一篇通暢的論述，並且將它們清楚地寫出來或說出來。這是一項專業不能忽視的挑戰。

結　論

若欲從「家庭重建者」的規劃發展中整理出一段有意義的心得，大概就是規劃的發展和研究是有連帶關係的。和案主相關資料的搜集，可以符合這兩個目的。首先，詳細的資料搜集可以提供有用的資訊，對發展和修正服務很有幫助。其次，案

主資料的搜集，有助於改變機構運作的社會和政治環境。「家庭建立者」的創意和企業家特質獨樹一幟，部分是因為資料的策略性運用，開展且提升了支持家庭的服務和政策。任務導向研究和企業家精神，是家庭維繫規劃中，建立挑戰現有文化和成就的重要因素。

參考書目

Blase, K. B., Fixsen, D. L., and Phillips, E. L. (1983). Residential treatment for troubled children: Developing service delivery systems. *In* S. Paine, T. Bellamy, and B. Wilcox (Eds.), *Human services that work: From innovation to standard practice.* Baltimore: Paul H. Brookes.

Boudon, R. (1986). *Theories of social change: A critical appraisal.* Berkeley: University of California.

Bronfenbrenner, U. (1979). *The ecology of human development: Experiments by nature and design.* Cambridge: Harvard University.

Chirot, D. (1986). *Social change in the modern era.* New York: Harcourt, Brace, Jovanovich.

Christopherson, E. R., Arnold, C. M., Hill, D. W., and Quilitch, H. R. (1972). The home point system: Token reinforcement procedures for application by parents of children with behavior problems. *Journal of Applied Behavior Analysis, 5,* 485-497.

Council on Social Work Education. (1982). *Curriculum policy for the master's degree and baccalaureate degree programs in social work education.* New York: Author.

Dumas, J. E. (1984). Interactional correlates of treatment outcome in behavioral parent training. *Journal of Consulting and Clinical Psychology, 52,* 946-954.

Fraser, M. W., and Haapala, D. A. (1987-88). Home-based family treatment: A quantitative-qualitative assessment. *Journal of Applied Social Sciences, 12,* 1-23.

Fraser, M. W., Lewis, R. E., and Norman, J. (1988). *Teaching research: The state of the art.* Manuscript submitted for publication.

Hisrich, R. D. (1986). *Entrepreneurship, intrapreneurship, and venture capital.* Lexington, MA: Lexington Books.

Joiner, C. W. (1987). *Leadership for change.* Cambridge: Ballinger.

Kinney, J. M., Madsen, B., Fleming, T., and Haapala, D. A. (1977). Homebuilders: Keeping families together. *Journal of Consulting and Clinical Psychology, 45,* 667-673.

Kinney, J. M., Haapala, D. A., Booth, C. L. and Leavitt, S. (in preparation). *Keeping families together.* New York: Aldine de Gruyter.

Kuhn, T. (1970). *The structure of scientific revolutions.* Chicago: University of Chicago.

Lewis, R. E. (1988). The characteristics of home-based services. *In* M. W. Fraser,

P. J. Pecora, and D. A. Haapala (Eds.), *Families in crisis: Findings from the Family-Based Intensive Treatment Project.* Salt Lake City: University of Utah, Graduate School of Social Work, Social Research Institute, and Federal Way, WA: Behavioral Science Institute.

Patterson, G. R., and Reid, J. B. (1973). Intervention for families of aggressive boys: A replication study. *Behavioral Research and Therapy, 11,* 383-394.

Thomas, E. J. (1978). Generating innovation in social work: The paradigm of developmental research. *Journal of Social Service Research, 2,* 95-115.

Tornatzky, L. G., Fergus, E. O., Avellar, J. W., Fairweather, G. W., and Fleischer, M. (1980). *Innovation and social process.* New York: Pergamon.

Wahler, R. G., and Dumas, J. E. (1986). Maintenance factors in coercive mother-child interactions: The compliance and predictability hypotheses. *Journal of Applied Behavior Analysis, 19,* 13-22.

Whittaker, J. K., and Garbarino, J. (1983). *Social support networks: Informal helping in the human services.* New York: Aldine.

Withorn, A. (1984). *Serving the people: Social services and social change.* New York: Columbia University.

第十章
積極性家庭維繫服務：
開拓預防的視野

J. David Hawkins and Richard F. Catalano

導言

　　一九八四年間，在美國有超過一百五十萬兒童被指為受虐和遭忽視的受害者，這個數據比一九六三年的報告足足增加了十倍(Besharov, 1987)。通常，處理這個日益嚴重的社會問題，全國的兒童保護服務只有兩種選擇：一是雇用訓練不足、工作負荷超重的社工人員，斷斷續續地進行所謂家庭諮商；二是將小孩移置別處。然而，通常前者無法改變家庭裡暴力或受忽視的情況，而後者卻經常被濫用來處理並不嚴重或無立即危險的個案，反而形成照料不周的不良影響(詳見Besharov, 1987)。效率不彰導致目前兒童福利的困境：兒童保護機構因為未能充分保護受虐或受忽視兒童長期處在法律訴訟的威脅陰影下。他們在眾人的壓力下被要求做更多，但同時，移置兒童的代價卻被批評為不合經濟原則，而且大部分遭到看護移置的青少年，也是不被社會接受的。本書其他章節已經探討過「家庭重建者」模式的積極性家庭維繫服務，是全美兒童福利服務一個解決問題的新希望。當有忠誠的服務，「家庭重建者」似乎可以避免危機家庭中，立即但卻非必要的兒童移置；而且同時增加父母教養小孩的技巧和支援，而不造成嚴重或不可彌補的傷害。本章將檢驗這個模式，以提出兒童受虐或被忽略之外的社會問題警告，並且探討人群服務教育的涵意。

研究背景

　　一九八〇年代，青少年藥物濫用、未婚媽媽、輟學、學業挫敗、偏差行爲、犯罪和自殺，儼然成爲美國社會關心的焦點。有相當比例的美國下一代，都處於危機之中。當大部分年齡群的死亡率不斷下降，美國十五至二十四歲青少年的死亡率卻在近幾年悄然上升。關心社會未來發展的人士不禁擔心，類似的文盲、犯罪、毒癮，以及青少年的自殺事件，是否會降低美國的人力資源。這群少數比例的年青人(約占同齡的百分之六至十)，習慣性地重蹈嚴重的偏差行爲，也引起愈來愈多的社會關心(Wolfgang et al., 1972; Blumstein et al., 1985)。對習慣性青春期偏差行爲的關注，由於行爲模式顯然相互影響，因而更受到重視。

　　這些考量導致了大家對政策的重新檢視，包括預防和治療青春期偏差行爲，以及謹慎探究前景樂觀且成效良好的策略，成功預防習慣性、嚴重的不良行爲。

　　追求有效的策略以防止青少年偏差行爲，已是許多重要研究的主要目標。過去十年的研究顯示，許多青少年偏差行爲，包括退學、行爲不當、犯罪、酗酒、嗑藥和隨便的性行爲，幾乎是環環相扣的(Elliott and Morse, 1985; Elliott and Huizinga, 1984; Hawkins et al., 1987a; Jessor and Jessor, 1977; Osgood et al., 1988)。犯了其中一項偏差行爲的青少年，很可能會在青春期犯下其他更多種偏差行爲(Jessor and Jessor, 1984)。相當比例的青少年，似乎特別傾向在青春期重覆犯下各種偏差行爲。不同

的行為，似乎意味著潛藏於不同偏差行為傾向的表面現象(Osgood et al., 1988)。這是預防上的重大發現，因為它意味預防的目標，可能是降低高危險群行為偏差的潛在傾向。

一、注意危機的預防法

這個提議引發了一個問題：如何降低偏差行為的傾向？在公共健康方面，類似的問題可以採取注意危機的方式來預防。舉例來說，研究人員發現了增加心臟病罹患率的因素，如高脂肪的飲食、心臟疾病的家族病史、生活壓力大而無處理壓力的技巧，以及缺乏運動。他們提出以上由經驗獲得的病因，並設計且嘗試有效的方法，成功預防心臟病。

這種注意危機的方式，可以運用到預防青少年的偏差行為。提出警告、降低青少年偏差行為機率的處理方式，應該可以有效降低偏差行為的偶發或流行。過去十年裡的一項重要研究進展，即是找出青少年偏差行為危機的特徵和先兆。研究顯示，相同的因素是不同偏差行為的先兆和主因(Hawkins et al., 1986, 1987a)。這些主因可以歸結如**表10-1**。

重要的是，如**表10-1**所示，我們發現，若干與家庭及其功能相關的因素，似乎是問題青少年的共同前兆。在這些青少年偏差行為的家庭危機因素中，包括不純熟的家庭管理，如不明確或前後矛盾的期望、父母未能掌握小孩的動向、太嚴或太鬆及不同步調的管教、家庭中的激烈衝突，以及家庭極度的失序，也許是同時被經濟、居住、單親、父母教育程度不高，以及職業或社會技巧的問題所擾。

值得注意的是，這些造成犯罪和犯毒的家庭因素，本質上是父母管教和家庭的特質造成暴力或被忽略的家庭。似乎就是

表10-1 高侵犯傾向和藥物濫用的危機因素❶

危機因素	高犯罪比例	藥物濫用
早期多樣且頻繁的反社會行為(幼稚園-小學3年級)	✓	✓
父母和兄弟姊妹有犯罪或反社會行為	✓	
家庭有酗酒的歷史		✓
不良且前後不一致的家庭管理	✓	✓
對家庭的歸屬感低落	✓	✓
家庭中社會參與和經濟資源極度不足	✓	✓
學業不佳	✓	✓
曠課	✓	✓
同儕中有嗑藥或犯罪的行為	✓	✓
對反社會行為有好感	✓	✓
孤僻、叛逆、對越軌行為非常能接受	✓	✓
宗教參與度不高	✓	✓
高流動性	✓	✓
居住環境複雜	✓	
本質的和個性的因素		
自主和中樞神經系統遲鈍	✓	
注意力很難集中	✓	
辨識力不足	✓	
喜歡尋找感官刺激		✓
早年涉入犯罪或嗑藥行為	✓	✓

❶資料來源：Hawkins et al. (1987a)

這一類的家庭問題，造成了移置和反社會傾向兒童的家庭功能不彰的核心。這些因素彼此的互動關係，因最近一項劍橋研究(Cambridge Study)的縱向資料分析而突顯出來，當中透露十歲前和父母分開住的小孩，很可能是犯罪行為的早期肇端，並且犯罪的情況會延續到成年初期，尤其是男性(Hawkins and Farrington, 1988)。家庭因素如移置、犯罪及其他反社會行為，顯然是互相關聯的。

這項發現顯示，成功強化高危險家庭的調解方式：以加強

父母管理家庭技巧的方式，減少家庭衝突，增強身陷多重困難的父母處理家中極度失序的能力，爲預防青少年犯罪、藥物濫用和學校中的不當行爲，帶來希望。

二、調解策略

青春期偏差行爲危機因素的知識，提供了定義清晰的目標，亦即防止這些偏差行爲的規劃應該提出警告，而非指出最能達成目標的方法。當評估強化家庭的策略時，必須考慮兩個問題。第一個問題顯然是該策略的功效如何，是否能有效增進父母對家庭管理的技巧、減少家庭紛爭、增加父母解決或擺脫失序，乃至無法自拔的困境。第二個同樣重要的問題是，如何藉助介入策略，解決這些高危險群的困難。

在預防犯罪和藥物濫用的範疇裡，許多強調強化家庭的策略已被鑽研、試驗過了。主要試驗的方法包括家庭諮商、父母訓練和社會工作個案。社會工作個案和家庭內部諮商，通常無法扼止犯罪(McCord, 1978; Robins, 1981)。相反的，運用社會學習的方法，教導父母對孩子採取某些行爲管理技巧，的確產生了一些短期的正面效果，改善了孩子的行爲和親子的互動關係(Baum and Forehand, 1981; Patterson et al., 1982; Wahler and Dumas, 1987)。此外，行爲導向的家庭處遇，教導父母溝通、社會強化和偶發契約(contingency contracting)的技巧。這些管教技巧，比起一味的管束，的確有效地把孩子及其更年幼的弟妹的犯罪行爲降低到較不嚴重的頂撞(Alexander and Parsons, 1973; Parsons and Alexander, 1973)。

不幸的是，當降低孩童問題行爲這方面獲得部分成效時，父母訓練規劃這方面，卻經常碰到嚴重的執行困難。有些跡象

顯示，父母訓練規劃課程的施行情況，在美國的白人家庭比少數民族家庭普遍(Hawkins and Salisbury, 1983)，而且白人、中產、雙親家庭對父母訓練的參與接受度，比少數民族、低收入且單親家庭快速許多(Hawkins et al., 1987b)。父母訓練策略通常需要父母到某中心參加特定期間的團體訓練，但這種訓練經常遭遇學員中途加入或退出的問題(Fraser et al., 1988)。父母訓練課程的高退訓率是很普遍的，而且似乎破裂或失序家庭，更不容易加入或持續這項訓練(Patterson, 1982; Wahler et al., 1979)。簡言之，父母技巧的團體訓練，對具基本上尚有餘力的父母，可能是最合適且最有效的方法。

雖然為人父母技巧訓練的內容可能特別符合遭遇上列高危機因素的家庭，但為人父母訓練課程似乎很難打動或者改變高危險家庭。降低青春期偏差行為的家庭危險因素，是可以找到有效的技術，但必須要有讓這些技術被高危險群家庭採用的有效策略。就在這種情況下，大家對「家庭重建者」之類的積極性家庭維繫服務產生興趣，期待它們能有效預防青春期的偏差行為。

積極性的家庭維繫服務：預防偏差行為的特質和可能性

積極性家庭維繫服務的綜合特質顯示，它們有可能成為有效且可行的家庭介入方式，特別是家庭中的孩子屬於嚴重且難改的青春期偏差行為的高危險群。

一、提供在宅服務

也許，積極性家庭維繫服務最特殊的特質即是在家庭中，自然情境下提供社工服務。從以前的研究可以得知，單靠在宅服務不足以預防青春期的偏差行為。在宅服務(in-home service)被包括在多種先前的犯罪預防實驗，包括劍橋-桑摩斐勒青少年研究(Cambridge-Somerville Youth Study, McCord, 1978)以及Glueck的研究預測表，紐約市少年局(New York City Youth Board, Glueck and Glueck, 1950; Berleman, 1980)等等，都無法預防犯罪。然而，在宅服務對成功介入特定的、有青少年反社會行為的家庭危機因素，對於某些方面來說可能是非常重要的。

提供在宅服務的第一個優點是，這樣可以準確評估孩子觸犯嚴重偏差行為的可能性，以及觀察家庭本身或衍生的危機因素。研究顯示，童年時期的偏差行為愈多樣、愈嚴重、愈頻繁，青春期嚴重且冥頑的反社會行為機率就愈大(Loeber, 1982)。在家觀察可以讓治療者充分估量孩童不當行為的程度和嚴重性。同樣重要的是，這可以第一手評估家庭互動、孩子管教、家庭衝突的嚴重性，以及失序和困境的實際情況。

當修正的評估方法要求案主家庭完成一些表格，或冗長、經過設計的面談，有時對他們反而會產生反效果。「家庭重建者」積極性家庭維繫服務的在宅評估的設計，自然是期待正面效果的。拜訪處於危機中的案主家庭時，帶著坦率、明確的訊息：「我是以朋友的身分，來這裡協助你度過難關」這樣可以較順利且迅速獲得重要的診斷資訊，並有力地引發案主參與介入過程的動機。在宅服務可以避免高危險群家庭的父母在治療

期間，中途參與或退出的問題，這種現象經常打斷在別處舉辦的父母團體訓練規劃。

　　最後，在宅服務也增加成功傳授和學習家庭管理技巧的機會。在一個月的延長期間，「家庭重建者」的治療者若能每天參與案主的日常生活，將能有效掌握「可教育的時刻」(teachable moments)，例如，當父母表現出對孩子行爲的挫折感，而願意學習管教的新技巧時，甚至有治療者在場的在宅服務訓練，可提供督導的機會，立即糾正自然發生的行爲。掌握可教導的時刻和實例訓練，練習和回饋可能提高學習的領悟和概念化，這樣學得的技巧可以更容易運用到其他不同的情境。例如，在孩子管教的實例訓練中，在家庭中立即得到糾正的情況，可能會讓父母很快學得該技巧，尤其是這項努力很快得到孩子行爲如期望般改變的時候。然而，研究顯示較長時間的訓練，對技巧的獲得是較有益的(Snow et al., 1985)，而技巧不純熟的情況，在訓練者或援助者不在場後，很快的就會發生。但是「家庭重建者」的規劃，似乎能有效的在短期內促進技巧，因此，技巧獲得的探討、概念化和積極性家庭維繫服務結束後的持續，都獲得保證。

二、綜合的方法

　　第二個顯示積極性家庭維繫服務能預防青春期反社會行爲的特質是，以綜合不特別歸類的方式解決當前家庭遭遇的問題。如尼爾森所指(本書第二章)，「家庭維繫社工尤其有指出和反應目前各方面需要的責任」。每個家庭中，潛在青少年反社會行爲危機因素的程度都不相同。在部分家庭中，父母不合可能是主要原因；在其他家庭，也許是缺乏爲人父母的技巧；

還有些家庭，也許是受極度貧困和失序所擾。不幸的是，許多家庭維繫治療者所服務的家庭，同時遭遇了多種問題，縱然每個家庭各個問題所占的比例不盡相同。因為積極性家庭維繫的服務不限定在某個範疇，治療者可以衡量介入情況，提出每個家庭最嚴重的危機因素。實質的服務提供給失序的家庭，而對於衝突為主要原因的家庭，則授與減少衝突的技巧。

尋找案主家庭所欠缺的特質素，不管那是什麼，積極性家庭維繫服務和社會工作個案的傳統模式的概念是相似的。「家庭重建者」模式和社會工作個案不同的原因，就像預防犯罪實驗如未成功的劍橋-桑摩斐勒青少年研究(Berleman, 1980; McCord, 1978)，運用特定、目標導向的技巧，解決家庭和治療者合力診斷出的特定問題。在上述的劍橋-桑摩斐勒模式(Cambridge－Somerville Model)中，犯罪預防的方式，是以一位溫和友善的成年人，做為一個角色模範，在某一段長時間裡，緊緊跟著一個孩子(Berleman, 1980)。而在「家庭重建者」模式中，治療者也是溫和友善，但只提供人際的基礎，供給特定技巧選擇和運用，提出問題的所在。不論在評估或者是介入不同家庭所需的調解技術，個案處理的成功需要高水準的治療者的技巧。

在這裏必須強調，積極性家庭維繫服務與傳統社會個案工作不同之處，兩者當中也有一點風險，綜合、不歸類的家庭調解方法，可能降格為純移情作用的諮商，或者變成治療者個人偏好理論使用的護身符。在短期的時間限制中，積極性家庭維繫服務的調解方式需要特定技術的運用，以反應特定的問題。「家庭重建者」給予前線工作者二十一個訓練單元，包括危機排除、融入、面對案主；向家庭傳授技巧、行為管理技巧、明

確溝通的技巧、家庭中的情緒管理、解決問題的技巧、結案，以及其他方法(Kinney et al., 本冊第三章)。每一個訓練單元包括一套調解技巧的傳授和督導，這有助於提出不正常運作家庭可能遭遇的問題。這種處遇的形式化和規律化不以單一處遇技術運用到所有家庭，而是以訓練有素的治療者評估的結果作為依據。何種處遇方法最能立即奏效是「家庭重建者」團隊最重要的成就之一。

三、短期的處遇介入

短期介入危機點，有可能蘊含造成家庭關係快速變化的轉機。危機家庭通常有利用社工服務的動機，如：避免離家安置。除此之外，社工服務僅三十天的期限，本身即產生一種壓力。時限的意涵顯而易見：(1)改變的時機就是現在；(2)改變能否成功，端看家庭積極的參與；以及(3)長期倚賴治療者是不可能的。

再次和劍橋-桑摩斐勒青少年研究的比較，可得到深具啟發性的意義。在這種犯罪預防實驗裡，諮商者在五年之中，每個月拜訪該家庭二至四次。三十年之後，在若干客觀評比中，接受治療的案主的經歷，比沒人理的同類個案還差。這些接受治療的孩童中，有相當高比例的人有酗酒、嚴重精神疾病、因病痛引發沮喪、事業成就低、工作滿意度低等跡象。這些不樂意見到的、令人意外的結果，部分可能是因為長期的社工介入，導致對諮商者的惡性依賴。在討論這些發現時，麥氏(McCord, 1978, ：288-289)警告說：

> 社工機構的介入，可能造成(案主)對外在協助的依

賴。當這些協助不再持續的時候，(案主)個人可能產生依賴的症候和憎惡。治療規劃可能讓案主產生非常高的期望，以致於接下來的經驗很可能產生被剝奪的症候群。

這兩種介入方式劍橋-桑摩斐勒青少年研究和「家庭重建者」這兩種介入方式，都代表了服務持續期間的兩個極端。一個爲期三十天的密集服務有其優點，少於五天的較不密集服務，也有其明顯的缺陷。然而，關於高危險群家庭服務的文獻也顯示，爲了有效降低兒童行爲問題，必須密集技巧訓練，但也需要長時間的介入(Patterson and Fleischman, 1979; Patterson and Reid, 1973; Wahler, 1980)。針對高危險群家庭的積極性家庭維繫服務，持續時間長短的實驗提供了重要的訊息，尤其在服務時間長短和其結果的關係。

簡言之，「家庭重建者」團隊，在尋找避免離家安置的有效策略時，發展了一套有可能成功預防各種青少年偏差行爲的介入技術。從避免危機的角度來看，「家庭重建者」的處遇方法，提出了特定青少年反社會行爲的警示因素，而且運用社會學習的理論，教導父母更有效管理家庭的技巧。雖然其他的父母訓練方法也有效地降低了孩子的偏差行爲，但卻經常遇到父母中途加入或離開，產生了讓計畫無法繼續的問題。從可行性的角度觀之，「家庭重建者」顯示了打動和留住高危險家庭參與積極性介入規劃的希望，而不造成長期對社工的依賴。

四、預防、政策及社會工作教育的涵意

這裡可以指出三點。第一，積極性家庭維繫服務的「家庭重建者」模式，是值得嘗試的服務策略，它能有效預防兒童和

青少年的偏差行為。到目前為止，這個模式尚未經過允許其有效性被評估的實驗調查。然而，一些關於該模式有效降低離家安置的證據是可查的，這個模式應該因其對親子的廣泛影響，而受到應有的重視。

評估研究應該評量青少年偏差行為的家庭危機因素；評估雙親和孩子的基本技巧、行為和態度；當處遇結束後，評估雙親若干重要的技巧，如家庭管理和衝突包容，以及技巧習得、概念化和是否持續。這些能幫助說明短期的密集服務，在改變父母技巧和處理家庭危機因素方面的成效。最後，這樣的探討，應該檢驗不同程度危機家庭的孩童，其反社會行為降低的效果如何？

考慮積極性家庭維繫服務對預防青少年偏差行為的可能性，意味著拓展協助青少年和家庭的政策和規劃的重要性。「家庭重建者」將家庭視為整體，尋找必須提出以防止離家安置的特定家庭需要和問題；同樣的，政策制定者必須視兒童福利、犯罪、藥物濫用、青少年媽媽、青少年自殺事件，為相互關聯的現象。雖然社會規劃持續依個別的問題為個人和家庭分類，但這個規劃指出，有愈來愈多的證據顯示這些個人和家庭的問題和特質，在各種服務範疇裏都是相同的。我們需要一種綜合的家庭政策，整合零零碎碎的社會規劃和處遇方式，成為一個連貫的整體。這種政策的經驗基礎、確實存在於日益浮現的證據裏：青少年偏差行為的確有共通的危機因素。政策的目標應該在於減少或排除這些普遍的危機因素，一方面也加強孩子在家庭中，對健康的社會、認知的和個人的成長。

最後要談的是，有關社會工作領域和人群服務社會工作教育的內涵。過去幾十年來，兒童福利政策的目標擴展開了。強

調的重點從把孩子從家庭移走、遠離他們能力不足的父母來保護兒童，轉移到把孩子留在仍潛藏危機的家庭、讓社工協助其父母有能力照顧孩子。這個轉變顯示了對家庭的假設、對社工服務概念的重大改變。在強調將孩童移開殘缺家庭以保護孩子的模式裡，孩子是案主。直到證明該家庭恢復正常，才被視為完整。保護孩子遠離不完整的家庭的社會工作在此是附帶的服務。相反的，在家庭保護的模式中，我們假設每個家庭都是在他們所處的環境中，盡最大的努力。社工服務專注的是，協助家庭建立額外的技巧，獲取必要的資源，以符合照顧兒童的基本水準。社會工作不再是不得不然的最後選擇，而是擔任示範和教育父母的任務。社會工作者成為教育者和技巧的訓練者，是解決問題團隊的合作者，而非兒童治療者。

在社會中，我們以公共經費為所有的兒童提供基礎教育，教導他們成人之後如何有個專長，找到工作。我們不希望孩子接受了若干年的學校教育後，成為只會做某件事的員工。相反的，我們希望，即使沒有提供任何的基礎教育，將來孩子仍然能勝任父母的角色。兒童福利政策強調家庭維繫，以及完成該目標的服務，這項轉變顯示在這方面期望的改變。這個改變意味著，對部分父母而言，家庭管理、育養子女、家庭衝突管理的補救教育是有需要的。正如同師範學校訓練老師，提供基礎教育；社會工作學校現在也必須訓練人群服務工作者，提供補救教育，教授父母家庭管理，以及其他育養子女所需的技巧。訓練必須包括有效調解高危險群家庭，而不造成依賴社會工作者的技巧。

兒童福利服務中，與避免離家安置相同重要的是預防兒童和青少件偏差行為的重視。後者將敦促社會工作朝著上述的方

向努力。社會工作學校的課程，將擴展到納入社工預防服務的
訓練。預防訓練以降低危機模式為基礎，它需要社工學習提出
青少年偏差行為的危機因素，包括不良的家庭管理方式、家庭
嚴重的衝突以及家庭的嚴重失序。社工將必須準備對危機家
庭，教導基本的家庭管理和衝突解決技巧。若高危險群家庭要
被打動，社工必須準備在案主家庭中從事服務工作和評估，而
且，他們也必須學習把握策略性的機會，教導新技巧，而不造
成案主長期的依賴。這些在積極性家庭維繫服務中的實務智
慧，可以提供社會工作學校豐富的資源，有助設計人群服務教
育課程，為社會工作者開展其預防工作的角色預做準備。

參考書目

Alexander, J. F., and Parsons, B. V. (1973). Short-term behavioral intervention with delinquent families: Impact on family process and recidivism. *Journal of Abnormal Psychology, 81*, 219-225.

Baum, C., and Forehand, R. (1981). Long term follow-up assessment of parent training by use of multiple outcome measures. *Behavior Therapy, 12*, 643-652.

Berleman, W. C. (1980). *Juvenile delinquency prevention experiments: A review and analysis.* Washington, DC: U. S. Department of Justice, Office of Juvenile Justice and Delinquency Prevention, U. S. Government Printing Office.

Besharov, D. J. (1987). Giving the juvenile court a preschool education. In J. Q. Wilson and G. C. Loury (Eds.), *From children to citizens: Families, schools and delinquency prevention,* vol. 3, pp. 207-238. New York: Springer-Verlag.

Blumstein, A., Farrington, D. P., and Moitra, S. (1985). Delinquency careers: Innocents, desisters, and persisters. *In* M. Tonry and N. Morris (Eds.), *Crime and justice: An annual review of research,* Vol. 6, pp. 187-219. Chicago: University of Chicago.

Elliott, D. S., and Huizinga, D. (1984, April). *The relationship between delinquent behavior and ADM problems.* Paper presented at the ADAMHA/OJJDP State-of-the Art Research Conference on Juvenile Offenders with Serious Drug, Alcohol, and Mental Health Problems, Rockville, MD.

Elliott, D. S., and Morse, B. J. (1985). *Drug use, delinquency and sexual activity.* Paper presented at the NIDA Conference on Drug Abuse and Adolescent Sexual Activity, Pregnancy and Parenting, March. Bethesda, MD.

Fraser, M. W., Hawkins, J. D., and Howard, M. O. (1988). Parent training for delinquency prevention: A review. *Child and Youth Services.* 11(1), 93-125.

Glueck, S., and Glueck, E. (1950). *Unraveling juvenile delinquency*. Cambridge, MA: Harvard University.

Hawkins, J. D., and Farrington, D. P. (1988). *Prediction of participation, early and late onset, and desistance of officially recorded offending: The relevance of the social development model*. Unpublished manuscript, Cambridge University, Institute of Criminology, Cambridge, England.

Hawkins, J. D., and Salisbury, B. R. (1983). Delinquency prevention programs for minorities of color. *Social Work Research and Abstracts, 19,* 5-12.

Hawkins, J. D., Lishner, D. M., Catalano, R. F., and Howard, M. O. (1986). Childhood predictors of adolescent substance abuse: Toward an empirically grounded theory. *Journal of Children in Contemporary Society, 8,* 11-48.

Hawkins, J. D., Lishner, D. M., Jenson, J. M., and Catalano, R. F. (1987a). Delinquents and drugs: What the evidence suggests about prevention and treatment programming. *In* B. S. Brown and A. R. Mills (Eds.), *Youth at high risk for substance abuse*. Washington, DC: National Institute on Drug Abuse (ADM 87-1537).

Hawkins, J. D., Catalano, R. F., Jones, G., and Fine, D. N. (1987b). Delinquency prevention through parent training: Results and issues from work in progress. *In* J. Q. Wilson and G. C. Loury (Eds.), *From children to citizens: Families, schools and delinquency prevention*, vol. 3, pp. 186-204. New York: Springer-Verlag.

Hawkins, J. D., Catalano, R. F., Gillmore, M. R., and Wells, E. A. (1988). *Skills training for drug abusers: Generalization, maintenance, and effects on drug use*. Unpublished manuscript, University of Washington, School of Social Work, Seattle.

Jessor, R., and Jessor, S. L. (1977). *Problem behavior and psychosocial development: A longitudinal study of youth*. New York: Academic.

Jessor, R., and Jessor, S. L. (1984). Adolescence to young adulthood: A 12-year prospective study of problem behavior and psychosocial development. In S. A. Mednick, M. Harway, and K. M. Finello (Eds.), *Handbook of longitudinal research: Teenage and adult cohorts*, Vol. 2, pp. 34-61. New York: Praeger.

Klein, N. C., Alexander, J. F., and Parsons, B. V. (1977). Impact of family systems intervention on recidivism and sibling delinquency: A model of primary prevention and program evaluation. *Journal of Consulting and Clinical Psychology, 45,* 469-474.

Loeber, R. (1982). The stability of antisocial and delinquent child behavior: A review. *Child Development, 53,* 1431-1446.

McCord, Joan. (1978). A thirty-year follow-up of treatment effects. *American Psychologist, March,* 284-289.

Osgood, D. W., Johnston, L. D., O'Malley, P. M., and Bachman, J. G. (1988). The generality of deviance in late adolescence and early adulthood. *American Sociological Review, 53,* 81-93.

Parsons, B. V., and Alexander, J. F. (1973). Short-term family intervention: A therapy outcome study. *Journal of Consulting and Clinical Psychology, 41,* 195-201.

Patterson, G. R. (1982). *Coercive family process*. Eugene, OR: Castalia.

Patterson, G. R., and Fleischman, M. S. (1979). Maintenance of treatment effects: Some considerations concerning family systems and follow-up data. *Behavior Therapy, 10,* 168-183.

Patterson, G. R., and Reid, J. B. (1973). Intervention for families of aggressive boys: A replication study. *Behavior Research and Therapy, 11,* 383-394.

Patterson, G. R., Chamberlain, P., and Reid, J. B. (1982). A comparative evaluation of a parent training program. *Behavior Therapy, 13,* 638-650.

Robins, L. N. (1981). Epidemiological approaches to natural history research: Antisocial disorders in children. *Journal of the American Academy of Child Psychiatry, 20,* 566-580.

Snow, W. H., Gilchrist, L. D., and Schinke, S. P. (1985). A critique of progress in adolescent smoking prevention. *Children and Youth Services Review, 7,* 1-19.

Wahler, R. G. (1980). The insular mother: Her problems in parent-child treatment. *Journal of Applied Behavior Analysis, 13,* 207-219.

Wahler, R. G., and Dumas, J. E. (1987). Stimulus class determinants of mother-child coercive interchanges in multi-distressed families: Assessment and intervention. *In* J. D. Burchard and S. N. Burchard (Eds.), *Prevention of delinquent behavior,* Vol. X. Newbury Park, CA: Sage.

Wahler, R. G., Afton, A. D., and Fox, J. J. (1979). The multiply entrapped parent: Some new problems in parent training. *Education and Treatment of Children, 2,* 279-286.

Wolfgang, M., Figlio, R. M., and Sellin, T. (1972). *Delinquency in a birth cohort.* Chicago: University of Chicago.

社工叢書　06

積極性家庭維繫服務─家庭政策及福利服務之應用

作　　　者／James K. Whittaker , Jill Kinney
　　　　　　Elizabeth M. Tracy , Charlotte Booth
譯　　　者／張盈堃、方岷
校　閱　者／郭靜晃、曾華源
出　版　者／揚智文化事業股份有限公司
發　行　人／葉忠賢
責　任　編　輯／賴筱彌
執　行　編　輯／林佩儀
登　記　證／局版北市業字第 1117 號
地　　　址／台北市新生南路三段 88 號 5 樓之 6
電　　　話／(02)2366-0309；2366-0313
傳　　　真／886-2-23660310
印　　　刷／偉勵彩色印刷股份有限公司
法　律　顧　問／北辰著作權事務所　蕭雄淋律師
定　　　價／新臺幣 300 元
初　版　一　刷／1998 年 7 月

南區總經銷／昱泓圖書有限公司
地　　　址／嘉義市通化四街 45 號
電　　　話／(05)231-1949；231-1572
傳　　　真／(05)231-1002

ISBN：957-8446-77-2
✆E-mail：ufx0309@ms13.hinet.net
📖本書如有缺頁、破損，請寄回更換。
☛版權所有　翻印必究

國家圖書館出版品預行編目資料

積極性家庭維繫服務：家庭政策及福利服務之
  應用 / James K. Whittaker 等原著；張盈堃，
  方岷譯 . -- 初版 . -- 臺北市：揚智文化，
  1998 [民 87]
  面；　公分. --（社工叢書；6）
  譯自：Reaching high-risk families : Intensive
  family preservation in human services
  ISBN 957-8446-77-2（平裝）

  1.社會工作　2.家庭

547   87005695